TADZJIEKS
WOORDENSCHAT

THEMATISCHE WOORDENLIJST

NEDERLANDS TADZJIEKS

De meest bruikbare woorden
Om uw woordenschat uit te breiden en
uw taalvaardigheid aan te scherpen

5000 woorden

Thematische woordenschat Nederlands-Tadzjieks - 5000 woorden
Door Andrey Taranov

Woordenlijsten van T&P Books zijn bedoeld om u woorden van een vreemde taal te helpen leren, onthouden, en bestudering. Dit woordenboek is ingedeeld in thema's en behandelt alle belangrijk terreinen van het dagelijkse leven, bedrijven, wetenschap, cultuur, etc.

Het proces van het leren van woorden met behulp van de op thema's gebaseerde aanpak van T&P Books biedt u de volgende voordelen:

- Correct gegroepeerde informatie is bepalend voor succes bij opeenvolgende stadia van het leren van woorden
- De beschikbaarheid van woorden die van dezelfde stam zijn maakt het mogelijk om woordgroepen te onthouden (in plaats van losse woorden)
- Kleine groepen van woorden faciliteren het proces van het aanmaken van associatieve verbindingen, die nodig zijn bij het consolideren van de woordenschat
- Het niveau van talenkennis kan worden ingeschat door het aantal geleerde woorden

Copyright © 2016 T&P Books Publishing

Alle rechten voorbehouden. Niets uit deze uitgave mag worden verveelvoudigd, opgeslagen in een geautomatiseerd gegevensbestand en/of openbaar gemaakt in enige vorm of op enige wijze, hetzij elektronisch, mechanisch, door fotokopieën, opnamen of op enige andere manier zonder voorafgaande schriftelijke toestemming van de uitgever. U mag dit boek niet verspreiden in welk formaat dan ook.

T&P Books Publishing
www.tpbooks.com

ISBN: 978-1-78492-357-0

Dit boek is ook beschikbaar in e-boek formaat.
Gelieve www.tpbooks.com te bezoeken of de belangrijkste online boekwinkels.

TADZJIEKSE WOORDENSCHAT
nieuwe woorden leren

T&P Books woordenlijsten zijn bedoeld om u te helpen vreemde woorden te leren, te onthouden, en te bestuderen. De woordenschat bevat meer dan 5000 veel gebruikte woorden die thematisch geordend zijn.

- De woordenlijst bevat de meest gebruikte woorden
- Aanbevolen als aanvulling bij welke taalcursus dan ook
- Voldoet aan de behoeften van de beginnende en gevorderde student in vreemde talen
- Geschikt voor dagelijks gebruik, bestudering en zelftestactiviteiten
- Maakt het mogelijk om uw woordenschat te evalueren

Bijzondere kenmerken van de woordenschat

- De woorden zijn gerangschikt naar hun betekenis, niet volgens alfabet
- De woorden worden weergegeven in drie kolommen om bestudering en zelftesten te vergemakkelijken
- Woorden in groepen worden verdeeld in kleine blokken om het leerproces te vergemakkelijken
- De woordenschat biedt een handige en eenvoudige beschrijving van elk buitenlands woord

De woordenschat bevat 155 onderwerpen zoals:

Basisconcepten, getallen, kleuren, maanden, seizoenen, meeteenheden, kleding en accessoires, eten & voeding, restaurant, familieleden, verwanten, karakter, gevoelens, emoties, ziekten, stad, dorp, bezienswaardigheden, winkelen, geld, huis, thuis, kantoor, werken op kantoor, import & export, marketing, werk zoeken, sport, onderwijs, computer, internet, gereedschap, natuur, landen, nationaliteiten en meer ...

INHOUDSOPGAVE

Uitspraakgids	9
Afkortingen	11

BASISBEGRIPPEN	12
Basisbegrippen Deel 1	12
1. Voornaamwoorden	12
2. Begroetingen. Begroetingen. Afscheid	12
3. Hoe aan te spreken	13
4. Kardinale getallen. Deel 1	13
5. Kardinale getallen. Deel 2	14
6. Ordinale getallen	15
7. Getallen. Breuken	15
8. Getallen. Eenvoudige berekeningen	15
9. Getallen. Diversen	16
10. De belangrijkste werkwoorden. Deel 1	16
11. De belangrijkste werkwoorden. Deel 2	17
12. De belangrijkste werkwoorden. Deel 3	18
13. De belangrijkste werkwoorden. Deel 4	19
14. Kleuren	20
15. Vragen	21
16. Voorzetsels	21
17. Functiewoorden. Bijwoorden. Deel 1	21
18. Functiewoorden. Bijwoorden. Deel 2	23

Basisbegrippen Deel 2	25
19. Dagen van de week	25
20. Uren. Dag en nacht	25
21. Maanden. Seizoenen	26
22. Meeteenheden	28
23. Containers	29

MENS	30
Mens. Het lichaam	30
24. Hoofd	30
25. Menselijk lichaam	31

Kleding en accessoires	32
26. Bovenkleding. Jassen	32
27. Heren & dames kleding	32

28. Kleding. Ondergoed	33
29. Hoofddeksels	33
30. Schoeisel	33
31. Persoonlijke accessoires	34
32. Kleding. Diversen	34
33. Persoonlijke verzorging. Schoonheidsmiddelen	35
34. Horloges. Klokken	36

Voedsel. Voeding 37

35. Voedsel	37
36. Drankjes	38
37. Groenten	39
38. Vruchten. Noten	40
39. Brood. Snoep	41
40. Bereide gerechten	41
41. Kruiden	42
42. Maaltijden	43
43. Tafelschikking	44
44. Restaurant	44

Familie, verwanten en vrienden 45

45. Persoonlijke informatie. Formulieren	45
46. Familieleden. Verwanten	45

Geneeskunde 47

47. Ziekten	47
48. Symptomen. Behandelingen. Deel 1	48
49. Symptomen. Behandelingen. Deel 2	49
50. Symptomen. Behandelingen. Deel 3	50
51. Artsen	51
52. Geneeskunde. Medicijnen. Accessoires	51

HET MENSELIJKE LEEFGEBIED 53
Stad 53

53. Stad. Het leven in de stad	53
54. Stedelijke instellingen	54
55. Borden	55
56. Stedelijk vervoer	56
57. Bezienswaardigheden	57
58. Winkelen	58
59. Geld	59
60. Post. Postkantoor	60

Woning. Huis. Thuis 61

61. Huis. Elektriciteit	61

62. Villa. Herenhuis	61
63. Appartement	61
64. Meubels. Interieur	62
65. Beddengoed	63
66. Keuken	63
67. Badkamer	64
68. Huishoudelijke apparaten	65

MENSELIJKE ACTIVITEITEN	66
Baan. Business. Deel 1	66
69. Kantoor. Op kantoor werken	66
70. Bedrijfsprocessen. Deel 1	67
71. Bedrijfsprocessen. Deel 2	68
72. Productie. Werken	69
73. Contract. Overeenstemming	70
74. Import & Export	71
75. Financiën	71
76. Marketing	72
77. Reclame	73
78. Bankieren	73
79. Telefoon. Telefoongesprek	74
80. Mobiele telefoon	75
81. Schrijfbehoeften	75
82. Soorten bedrijven	76

Baan. Business. Deel 2	78
83. Show. Tentoonstelling	78
84. Wetenschap. Onderzoek. Wetenschappers	79

Beroepen en ambachten	81
85. Zoeken naar werk. Ontslag	81
86. Zakenmensen	81
87. Dienstverlenende beroepen	82
88. Militaire beroepen en rangen	83
89. Ambtenaren. Priesters	84
90. Agrarische beroepen	84
91. Kunst beroepen	85
92. Verschillende beroepen	85
93. Beroepen. Sociale status	87

Onderwijs	88
94. School	88
95. Hogeschool. Universiteit	89
96. Wetenschappen. Disciplines	90
97. Schrift. Spelling	90
98. Vreemde talen	91

| Rusten. Entertainment. Reizen | 93 |

99. Trip. Reizen — 93
100. Hotel — 93

TECHNISCHE APPARATUUR. VERVOER — 95
Technische apparatuur — 95

101. Computer — 95
102. Internet. E-mail — 96
103. Elektriciteit — 97
104. Gereedschappen — 97

Vervoer — 100

105. Vliegtuig — 100
106. Trein — 101
107. Schip — 102
108. Vliegveld — 103

Gebeurtenissen in het leven — 105

109. Vakanties. Evenement — 105
110. Begrafenissen. Begrafenis — 106
111. Oorlog. Soldaten — 106
112. Oorlog. Militaire acties. Deel 1 — 108
113. Oorlog. Militaire acties. Deel 2 — 109
114. Wapens — 110
115. Oude mensen — 112
116. Middeleeuwen — 113
117. Leider. Baas. Autoriteiten — 114
118. De wet overtreden. Criminelen. Deel 1 — 115
119. De wet overtreden. Criminelen. Deel 2 — 116
120. Politie. Wet. Deel 1 — 117
121. Politie. Wet. Deel 2 — 118

NATUUR — 120
De Aarde. Deel 1 — 120

122. De kosmische ruimte — 120
123. De Aarde — 121
124. Windrichtingen — 122
125. Zee. Oceaan — 122
126. Namen van zeeën en oceanen — 123
127. Bergen — 124
128. Bergen namen — 125
129. Rivieren — 125
130. Namen van rivieren — 126
131. Bos — 126
132. Natuurlijke hulpbronnen — 127

De Aarde. Deel 2 129

133. Weer 129
134. Zwaar weer. Natuurrampen 130

Fauna 131

135. Zoogdieren. Roofdieren 131
136. Wilde dieren 131
137. Huisdieren 132
138. Vogels 133
139. Vis. Zeedieren 135
140. Amfibieën. Reptielen 135
141. Insecten 136

Flora 137

142. Bomen 137
143. Heesters 137
144. Vruchten. Bessen 138
145. Bloemen. Planten 139
146. Granen, graankorrels 140

LANDEN. NATIONALITEITEN 141

147. West-Europa 141
148. Centraal- en Oost-Europa 141
149. Voormalige USSR landen 142
150. Azië 142
151. Noord-Amerika 143
152. Midden- en Zuid-Amerika 143
153. Afrika 143
154. Australië. Oceanië 144
155. Steden 144

UITSPRAAKGIDS

Letter	Tadzjieks voorbeeld	T&P fonetisch alfabet	Nederlands voorbeeld
A a	Раҳмат!	[a]	acht
Б б	бесоҳиб	[b]	hebben
В в	вафодорӣ	[v]	beloven, schrijven
Г г	гулмоҳӣ	[g]	goal, tango
Ғ ғ	мурғобӣ	[ʁ]	gutturale R
Д д	мадд	[d]	Dank u, honderd
Е е	телескоп	[e:]	twee, ongeveer
Ё ё	сайёра	[jɔ]	New York, jongen
Ж ж	аждаҳо	[ʒ]	journalist, rouge
З з	сӯзанда	[z]	zeven, zesde
И и	шифт	[i]	bidden, tint
Ӣ ӣ	обчакорӣ	[i:]	team, portier
Й й	ҳайкал	[j]	New York, januari
К к	коргардон	[k]	kennen, kleur
Қ қ	нуқта	[q]	kennen, kleur
Л л	пилла	[l]	delen, luchter
М м	мусиқачӣ	[m]	morgen, etmaal
Н н	нонвой	[n]	nemen, zonder
О о	посбон	[o:]	rood, knoop
П п	папка	[p]	parallel, koper
Р р	чароғак	[r]	roepen, breken
С с	суръат	[s]	spreken, kosten
Т т	тарқиш	[t]	tomaat, taart
У у	муҳаррик	[u]	hoed, doe
Ӯ ӯ	кӯшк	[œ]	Duits - 'Hölle'
Ф ф	фурӯш	[f]	feestdag, informeren
Х х	хушксолӣ	[x]	licht, school
Ҳ ҳ	чароғҳ	[h]	het, herhalen
Ч ч	чароғ	[tʃ]	Tsjechië, cello
Ҷ ҷ	чанчол	[dʒ]	jeans, jungle
Ш ш	нашриёт	[ʃ]	shampoo, machine
Ъ ъ [1]	таърихдон	[:], [ʼ]	zonder klank
Э э	эҳтимолӣ	[ɛ]	elf, zwembad
Ю ю	юнонӣ	[ju]	jullie, aquarium
Я я	яхбурча	[ja]	signaal, Spanjaard

Opmerkingen

[1] [:] - Verlengt de voorgaande klinker; ['] - na medeklinkers wordt gebruikt als een "harde teken"

AFKORTINGEN
gebruikt in de woordenschat

Nederlandse afkortingen

abn	-	als bijvoeglijk naamwoord
bijv.	-	bijvoorbeeld
bn	-	bijvoeglijk naamwoord
bw	-	bijwoord
enk.	-	enkelvoud
enz.	-	enzovoort
form.	-	formele taal
inform.	-	informele taal
mann.	-	mannelijk
mil.	-	militair
mv.	-	meervoud
on.ww.	-	onovergankelijk werkwoord
ontelb.	-	ontelbaar
ov.	-	over
ov.ww.	-	overgankelijk werkwoord
telb.	-	telbaar
vn	-	voornaamwoord
vrouw.	-	vrouwelijk
vw	-	voegwoord
vz	-	voorzetsel
wisk.	-	wiskunde
ww	-	werkwoord

Nederlandse artikelen

de	-	gemeenschappelijk geslacht
de/het	-	gemeenschappelijk geslacht, onzijdig
het	-	onzijdig

BASISBEGRIPPEN

Basisbegrippen Deel 1

1. Voornaamwoorden

ik	ман	[man]
jij, je	ту	[tu]
hij	ӯ, вай	[œ], [vaj]
zij, ze	ӯ, вай	[œ], [vaj]
het	он	[on]
wij, we	мо	[mo]
jullie	шумо	[ʃumo]
U (form., enk.)	Шумо	[ʃumo]
U (form., mv.)	Шумо	[ʃumo]
zij, ze (levenloos)	онон	[onon]
zij, ze (levend)	онҳо, вайҳо	[onho], [vajho]

2. Begroetingen. Begroetingen. Afscheid

Hallo! Dag!	Салом!	[salom]
Hallo!	Ассалом!	[assalom]
Goedemorgen!	Субҳатон ба хайр!	[subhaton ba χajr]
Goedemiddag!	Рӯз ба хайр!	[rœz ba χajr]
Goedenavond!	Шом ба хайр!	[ʃom ba χajr]
gedag zeggen (groeten)	саломалейк кардан	[salomalejk kardan]
Hoi!	Ассалом! Салом!	[assalom salom]
groeten (het)	вохӯрдӣ	[voχœrdi:]
verwelkomen (ww)	вохӯрдӣ кардан	[voχœrdi: kardan]
Hoe gaat het met u?	Корҳоятон чӣ хел?	[korhojaton tʃi: χel]
Hoe is het?	Корҳоят чӣ хел?	[korhojat tʃi: χel]
Is er nog nieuws?	Чӣ навигарӣ?	[tʃi: navigari:]
Tot ziens! (form.)	То дидан!	[to didan]
Doei!	Хайр!	[χajr]
Tot snel! Tot ziens!	То вохӯрии наздик!	[to voχœri:i nazdik]
Vaarwel! (inform.)	Падруд!	[padrud]
Vaarwel! (form.)	Хайрбод! Падруд!	[χajrbod padrud]
afscheid nemen (ww)	падруд гуфтан	[padrud guftan]
Tot kijk!	Хайр!	[χajr]
Dank u!	Раҳмат!	[rahmat]
Dank u wel!	Бисёр раҳмат!	[bisjɔr rahmat]

Graag gedaan	Марҳамат!	[marhamat]
Geen dank!	Намеарзад	[namearzad]
Geen moeite.	Намеарзад	[namearzad]
Excuseer me, … (inform.)	Бубахш!	[bubaxʃ]
Excuseer me, … (form.)	Бубахшед!	[bubaxʃed]
excuseren (verontschuldigen)	афв кардан	[afv kardan]
zich verontschuldigen	узр пурсидан	[uzr pursidan]
Mijn excuses.	Маро бубахшед	[maro bubaxʃed]
Het spijt me!	Бубахшед!	[bubaxʃed]
vergeven (ww)	бахшидан	[baxʃidan]
Maakt niet uit!	Ҳеч гап не	[hetʃ gap ne]
alsjeblieft	илтимос	[iltimos]
Vergeet het niet!	Фаромӯш накунед!	[faromœʃ nakuned]
Natuurlijk!	Албатта!	[albatta]
Natuurlijk niet!	Албатта не!	[albatta ne]
Akkoord!	Розӣ!	[rozi:]
Zo is het genoeg!	Бас!	[bas]

3. Hoe aan te spreken

Excuseer me, …	Мебахшед!	[mebaxʃed]
meneer	ҷаноб, око	[dʒanob], [oqo]
mevrouw	хонум, бону	[xonum], [bonu]
juffrouw	ҷавондухтар	[dʒavonduxtar]
jongeman	ҷавон	[dʒavon]
jongen	писарбача	[pisarbatʃa]
meisje	духтарча, духтарак	[duxtartʃa], [duxtarak]

4. Kardinale getallen. Deel 1

nul	сифр	[sifr]
een	як	[jak]
twee	ду	[du]
drie	се	[se]
vier	чор, чаҳор	[tʃor], [tʃahor]
vijf	панҷ	[pandʒ]
zes	шаш	[ʃaʃ]
zeven	ҳафт	[haft]
acht	ҳашт	[haʃt]
negen	нуҳ	[nuh]
tien	даҳ	[dah]
elf	ёздаҳ	[jozdah]
twaalf	дуоздаҳ	[duvozdah]
dertien	сездаҳ	[sezdah]
veertien	чордаҳ	[tʃordah]
vijftien	понздаҳ	[ponzdah]
zestien	шонздаҳ	[ʃonzdah]

zeventien	ҳафдаҳ	[hafdah]
achttien	ҳаждаҳ	[haʒdah]
negentien	нуздаҳ	[nuzdah]
twintig	бист	[bist]
eenentwintig	бисту як	[bistu jak]
tweeëntwintig	бисту ду	[bistu du]
drieëntwintig	бисту се	[bistu se]
dertig	сӣ	[si:]
eenendertig	сию як	[siju jak]
tweeëndertig	сию ду	[siju du]
drieëndertig	сию се	[siju se]
veertig	чил	[tʃil]
eenenveertig	чилу як	[tʃilu jak]
tweeënveertig	чилу ду	[tʃilu du]
drieënveertig	чилу се	[tʃilu se]
vijftig	панҷоҳ	[pandʒoh]
eenenvijftig	панҷоҳу як	[pandʒohu jak]
tweeënvijftig	панҷоҳу ду	[pandʒohu du]
drieënvijftig	панҷоҳу се	[pandʒohu se]
zestig	шаст	[ʃast]
eenenzestig	шасту як	[ʃastu jak]
tweeënzestig	шасту ду	[ʃastu du]
drieënzestig	шасту се	[ʃastu se]
zeventig	ҳафтод	[haftod]
eenenzeventig	ҳафтоду як	[haftodu jak]
tweeënzeventig	ҳафтоду ду	[haftodu du]
drieënzeventig	ҳафтоду се	[haftodu se]
tachtig	ҳаштод	[haʃtod]
eenentachtig	ҳаштоду як	[haʃtodu jak]
tweeëntachtig	ҳаштоду ду	[haʃtodu du]
drieëntachtig	ҳаштоду се	[haʃtodu se]
negentig	навад	[navad]
eenennegentig	наваду як	[navadu jak]
tweeënnegentig	наваду ду	[navadu du]
drieënnegentig	наваду се	[navadu se]

5. Kardinale getallen. Deel 2

honderd	сад	[sad]
tweehonderd	дусад	[dusad]
driehonderd	сесад	[sesad]
vierhonderd	чорсад, чаҳорсад	[tʃorsad], [tʃahorsad]
vijfhonderd	панҷсад	[pandʒsad]
zeshonderd	шашсад	[ʃaʃsad]
zevenhonderd	ҳафтсад	[haftsad]

| achthonderd | ҳаштсад | [haʃtsad] |
| negenhonderd | нӯҳсадум | [nœhsadum] |

duizend	ҳазор	[hazor]
tweeduizend	ду ҳазор	[du hazor]
drieduizend	се ҳазор	[se hazor]
tienduizend	даҳ ҳазор	[dah hazor]
honderdduizend	сад ҳазор	[sad hazor]
miljoen (het)	миллион	[million]
miljard (het)	миллиард	[milliard]

6. Ordinale getallen

eerste (bn)	якум	[jakum]
tweede (bn)	дуюм	[dujum]
derde (bn)	сеюм	[sejum]
vierde (bn)	чорум	[tʃorum]
vijfde (bn)	панҷум	[pandʒum]

zesde (bn)	шашум	[ʃaʃum]
zevende (bn)	ҳафтум	[haftum]
achtste (bn)	ҳаштум	[haʃtum]
negende (bn)	нӯҳум	[nœhum]
tiende (bn)	даҳӯм	[dahœm]

7. Getallen. Breuken

breukgetal (het)	каср	[kasr]
half	аз ду як ҳисса	[az du jak hissa]
een derde	аз се як ҳисса	[az se jak hissa]
kwart	аз чор як ҳисса	[az tʃor jak hissa]

een achtste	аз ҳашт як ҳисса	[az haʃt jak hissa]
een tiende	аз даҳ як ҳисса	[az dah jak hissa]
twee derde	аз се ду ҳисса	[az se du hissa]
driekwart	аз чор се ҳисса	[az tʃor se hissa]

8. Getallen. Eenvoudige berekeningen

aftrekking (de)	тарҳ	[tarh]
aftrekken (ww)	тарҳ кардан	[tarh kardan]
deling (de)	тақсим	[taqsim]
delen (ww)	тақсим кардан	[taqsim kardan]

optelling (de)	ҷамъ кардани	[dʒam' kardani]
erbij optellen (bij elkaar voegen)	ҷамъ кардан	[dʒam' kardan]
optellen (ww)	ҷамъ кардан	[dʒam' kardan]
vermenigvuldiging (de)	зарб, зарбзанӣ	[zarb], [zarbzani:]
vermenigvuldigen (ww)	зарб задан	[zarb zadan]

9. Getallen. Diversen

cijfer (het)	рақам	[raqam]
nummer (het)	адад	[adad]
telwoord (het)	шумора	[ʃumora]
minteken (het)	тарҳ	[tarh]
plusteken (het)	ҷамъ	[dʒam']
formule (de)	формула	[formula]
berekening (de)	ҳисоб кардани	[hisob kardani]
tellen (ww)	шумурдан	[ʃumurdan]
bijrekenen (ww)	ҳисоб кардан	[hisob kardan]
vergelijken (ww)	муқоиса кардан	[muqoisa kardan]
Hoeveel? (ontelb.)	Чӣ қадар?	[tʃiː qadar]
Hoeveel? (telb.)	Чанд-то?	[tʃand-to]
som (de), totaal (het)	ҳосили ҷамъ	[hosili dʒam']
uitkomst (de)	натиҷа	[natidʒa]
rest (de)	бақия	[baqija]
enkele (bijv. ~ minuten)	якчанд	[jaktʃand]
weinig (bw)	чанд	[tʃand]
restant (het)	боқимонда	[boqimonda]
anderhalf	якуним	[jakunim]
middendoor (bw)	ним	[nim]
even (bw)	баробар	[barobar]
helft (de)	нисф	[nisf]
keer (de)	бор	[bor]

10. De belangrijkste werkwoorden. Deel 1

aanbevelen (ww)	маслиҳат додан	[maslihat dodan]
aandringen (ww)	сахт истодан	[saxt istodan]
aankomen (per auto, enz.)	расидан	[rasidan]
aanraken (ww)	даст расондан	[dast rasondan]
adviseren (ww)	маслиҳат додан	[maslihat dodan]
afdalen (on.ww.)	фуромадан	[furomadan]
afslaan (naar rechts ~)	гардонидан	[gardonidan]
antwoorden (ww)	ҷавоб додан	[dʒavob dodan]
bang zijn (ww)	тарсидан	[tarsidan]
bedreigen (bijv. met een pistool)	дӯғ задан	[doʁ zadan]
bedriegen (ww)	фирефтан	[fireftan]
beëindigen (ww)	тамом кардан	[tamom kardan]
beginnen (ww)	сар кардан	[sar kardan]
begrijpen (ww)	фаҳмидан	[fahmidan]
beheren (managen)	сардорӣ кардан	[sardoriː kardan]
beledigen (met scheldwoorden)	таҳқир кардан	[tahqir kardan]

beloven (ww)	ваъда додан	[va'da dodan]
bereiden (koken)	пухтан	[puxtan]
bespreken (spreken over)	муҳокима кардан	[muhokima kardan]
bestellen (eten ~)	супоридан	[suporidan]
bestraffen (een stout kind ~)	ҷазо додан	[dʒazo dodan]
betalen (ww)	пул додан	[pul dodan]
betekenen (beduiden)	маъно доштан	[ma'no doʃtan]
betreuren (ww)	таассуф хӯрдан	[taassuf xœrdan]
bevallen (prettig vinden)	форидан	[foridan]
bevelen (mil.)	фармон додан	[farmon dodan]
bevrijden (stad, enz.)	озод кардан	[ozod kardan]
bewaren (ww)	нигоҳ доштан	[nigoh doʃtan]
bezitten (ww)	соҳиб будан	[sohib budan]
bidden (praten met God)	намоз хондан	[namoz xondan]
binnengaan (een kamer ~)	даромадан	[daromadan]
breken (ww)	шикастан	[ʃikastan]
controleren (ww)	назорат кардан	[nazorat kardan]
creëren (ww)	офаридан	[ofaridan]
deelnemen (ww)	иштирок кардан	[iʃtirok kardan]
denken (ww)	фикр кардан	[fikr kardan]
doden (ww)	куштан	[kuʃtan]
doen (ww)	кардан	[kardan]
dorst hebben (ww)	об хостан	[ob xostan]

11. De belangrijkste werkwoorden. Deel 2

een hint geven	луқма додан	[luqma dodan]
eisen (met klem vragen)	талаб кардан	[talab kardan]
excuseren (vergeven)	афв кардан	[afv kardan]
existeren (bestaan)	зиндагӣ кардан	[zindagi: kardan]
gaan (te voet)	рафтан	[raftan]
gaan zitten (ww)	нишастан	[niʃastan]
gaan zwemmen	оббозӣ кардан	[obbozi: kardan]
geven (ww)	додан	[dodan]
glimlachen (ww)	табассум кардан	[tabassum kardan]
goed raden (ww)	ёфтан	[joftan]
grappen maken (ww)	шӯхӣ кардан	[ʃœxi: kardan]
graven (ww)	кофтан	[koftan]
hebben (ww)	доштан	[doʃtan]
helpen (ww)	кумак кардан	[kumak kardan]
herhalen (opnieuw zeggen)	такрор кардан	[takror kardan]
honger hebben (ww)	хӯрок хостан	[xœrok xostan]
hopen (ww)	умед доштан	[umed doʃtan]
horen (waarnemen met het oor)	шунидан	[ʃunidan]
huilen (wenen)	гиря кардан	[girja kardan]

huren (huis, kamer)	ба иҷора гирифтан	[ba idʒora giriftan]
informeren (informatie geven)	ахборот додан	[axborot dodan]
instemmen (akkoord gaan)	розигӣ додан	[rozigi: dodan]
jagen (ww)	шикор кардан	[ʃikor kardan]
kennen (kennis hebben van iemand)	донистан	[donistan]
kiezen (ww)	интихоб кардан	[intixob kardan]
klagen (ww)	шикоят кардан	[ʃikojat kardan]
kosten (ww)	арзидан	[arzidan]
kunnen (ww)	тавонистан	[tavonistan]
lachen (ww)	хандидан	[xandidan]
laten vallen (ww)	афтондан	[aftondan]
lezen (ww)	хондан	[xondan]
liefhebben (ww)	дӯст доштан	[dœst doʃtan]
lunchen (ww)	хӯроки пешин хӯрдан	[xœroki peʃin xœrdan]
nemen (ww)	гирифтан	[giriftan]
nodig zijn (ww)	даркор будан	[darkor budan]

12. De belangrijkste werkwoorden. Deel 3

onderschatten (ww)	хунукназарӣ кардан	[xunuknazari: kardan]
ondertekenen (ww)	имзо кардан	[imzo kardan]
ontbijten (ww)	ноништа кардан	[noniʃta kardan]
openen (ww)	кушодан	[kuʃodan]
ophouden (ww)	бас кардан	[bas kardan]
opmerken (zien)	дида мондан	[dida mondan]
opscheppen (ww)	худситой кардан	[xudsitoi: kardan]
opschrijven (ww)	навиштан	[naviʃtan]
plannen (ww)	нақша кашидан	[naqʃa kaʃidan]
prefereren (verkiezen)	бехтар донистан	[bextar donistan]
proberen (trachten)	озмоиш кардан	[ozmoiʃ kardan]
redden (ww)	начот додан	[nadʒot dodan]
rekenen op ...	умед бастан	[umed bastan]
rennen (ww)	давидан	[davidan]
reserveren (een hotelkamer ~)	нигоҳ доштан	[nigoh doʃtan]
roepen (om hulp)	чеғ задан	[dʒeʁ zadan]
schieten (ww)	тир задан	[tir zadan]
schreeuwen (ww)	дод задан	[dod zadan]
schrijven (ww)	навиштан	[naviʃtan]
souperen (ww)	хӯроки шом хӯрдан	[xœroki ʃom xœrdan]
spelen (kinderen)	бозӣ кардан	[bozi: kardan]
spreken (ww)	гап задан	[gap zadan]
stelen (ww)	дуздидан	[duzdidan]
stoppen (pauzeren)	истодан	[istodan]
studeren (Nederlands ~)	омӯхтан	[omœxtan]
sturen (zenden)	ирсол кардан	[irsol kardan]

tellen (optellen)	ҳисоб кардан	[hisob kardan]
toebehoren …	таалуқ доштан	[taaluq doʃtan]
toestaan (ww)	иҷозат додан	[idʒozat dodan]
tonen (ww)	нишон додан	[niʃon dodan]
twijfelen (onzeker zijn)	шак доштан	[ʃak doʃtan]
uitgaan (ww)	баромадан	[baromadan]
uitnodigen (ww)	даъват кардан	[da'vat kardan]
uitspreken (ww)	талаффуз кардан	[talaffuz kardan]
uitvaren tegen (ww)	дашном додан	[daʃnom dodan]

13. De belangrijkste werkwoorden. Deel 4

vallen (ww)	афтодан	[aftodan]
vangen (ww)	доштан	[doʃtan]
veranderen (anders maken)	иваз кардан	[ivaz kardan]
verbaasd zijn (ww)	ба ҳайрат афтодан	[ba hajrat aftodan]
verbergen (ww)	пинҳон кардан	[pinhon kardan]
verdedigen (je land ~)	муҳофиза кардан	[muhofiza kardan]
verenigen (ww)	якҷоя кардан	[jakdʒoja kardan]
vergelijken (ww)	муқоиса кардан	[muqoisa kardan]
vergeten (ww)	фаромӯш кардан	[faromœʃ kardan]
vergeven (ww)	бахшидан	[baxʃidan]
verklaren (uitleggen)	шарҳ додан	[ʃarh dodan]
verkopen (per stuk ~)	фурӯхтан	[furœxtan]
vermelden (praten over)	гуфта гузаштан	[gufta guzaʃtan]
versieren (decoreren)	оростан	[orostan]
vertalen (ww)	тарҷума кардан	[tardʒuma kardan]
vertrouwen (ww)	бовар кардан	[bovar kardan]
vervolgen (ww)	давомат кардан	[davomat kardan]
verwarren (met elkaar ~)	иштибоҳ кардан	[iʃtiboh kardan]
verzoeken (ww)	пурсидан	[pursidan]
verzuimen (school, enz.)	набудан	[nabudan]
vinden (ww)	ёфтан	[jɔftan]
vliegen (ww)	паридан	[paridan]
volgen (ww)	рафтан	[raftan]
voorstellen (ww)	таклиф кардан	[taklif kardan]
voorzien (verwachten)	пешбинӣ кардан	[peʃbini: kardan]
vragen (ww)	пурсидан	[pursidan]
waarnemen (ww)	назорат кардан	[nazorat kardan]
waarschuwen (ww)	танбеҳ додан	[tanbeh dodan]
wachten (ww)	поидан	[poidan]
weerspreken (ww)	зид баромадан	[zid baromadan]
weigeren (ww)	рад кардан	[rad kardan]
werken (ww)	кор кардан	[kor kardan]
weten (ww)	донистан	[donistan]
willen (verlangen)	хостан	[xostan]
zeggen (ww)	гуфтан	[guftan]

zich haasten (ww)	шитоб кардан	[ʃitob kardan]
zich interesseren voor ...	ҳавас кардан	[havas kardan]
zich vergissen (ww)	хато кардан	[χato kardan]
zich verontschuldigen	узр пурсидан	[uzr pursidan]
zien (ww)	дидан	[didan]
zijn (ww)	будан	[budan]
zoeken (ww)	ҷустан	[dʒustan]
zwemmen (ww)	шино кардан	[ʃino kardan]
zwijgen (ww)	хомӯш будан	[χomœʃ budan]

14. Kleuren

kleur (de)	ранг	[rang]
tint (de)	тобиш	[tobiʃ]
kleurnuance (de)	тобиш, лавн	[tobiʃ], [lavn]
regenboog (de)	рангинкамон	[ranginkamon]
wit (bn)	сафед	[safed]
zwart (bn)	сиёҳ	[sijɔh]
grijs (bn)	адкан	[adkan]
groen (bn)	сабз, кабуд	[sabz], [kabud]
geel (bn)	зард	[zard]
rood (bn)	сурх, арғувонӣ	[surχ], [arʁuvoni:]
blauw (bn)	кабуд	[kabud]
lichtblauw (bn)	осмонӣ	[osmoni:]
roze (bn)	гулобӣ	[gulobi:]
oranje (bn)	норанҷӣ	[norandʒi:]
violet (bn)	бунафш	[bunafʃ]
bruin (bn)	қаҳвагӣ	[qahvagi:]
goud (bn)	тиллоранг	[tillorang]
zilverkleurig (bn)	нуқрафом	[nuqrafom]
beige (bn)	каҳваранг	[kahvarang]
roomkleurig (bn)	зардтоб	[zardtob]
turkoois (bn)	фирӯзаранг	[firœzarang]
kersrood (bn)	олуболугӣ	[olubolugi:]
lila (bn)	бунафш, нофармон	[bunafʃ], [nofarmon]
karmijnrood (bn)	сурхи сиехтоб	[surχi siehtob]
licht (bn)	кушод	[kuʃod]
donker (bn)	торик	[torik]
fel (bn)	тоза	[toza]
kleur-, kleurig (bn)	ранга	[ranga]
kleuren- (abn)	ранга	[ranga]
zwart-wit (bn)	сиёҳу сафед	[sijɔhu safed]
eenkleurig (bn)	якранга	[jakranga]
veelkleurig (bn)	рангоранг	[rangorang]

15. Vragen

Wie?	Кӣ?	[kiː]
Wat?	Чӣ?	[tʃiː]
Waar?	Дар куҷо?	[dar kudʒo]
Waarheen?	Куҷо?	[kudʒo]
Waar ... vandaan?	Аз куҷо?	[az kudʒo]
Wanneer?	Кай?	[kaj]
Waarom?	Барои чӣ?	[baroi tʃiː]
Waarom?	Барои чӣ?	[baroi tʃiː]
Waarvoor dan ook?	Барои чӣ?	[baroi tʃiː]
Hoe?	Чӣ хел?	[tʃiː χel]
Wat voor ...?	Кадом?	[kadom]
Welk?	Чанд? Чандум?	[tʃand tʃandum]
Aan wie?	Ба кӣ?	[ba kiː]
Over wie?	Дар бораи кӣ?	[dar borai kiː]
Waarover?	Дар бораи чӣ?	[dar borai tʃiː]
Met wie?	Бо кӣ?	[bo kiː]
Hoeveel? (telb.)	Чанд-то?	[tʃand-to]
Hoeveel? (ontelb.)	Чӣ қадар?	[tʃiː qadar]
Van wie?	Аз они кӣ?	[az oni kiː]

16. Voorzetsels

met (bijv. ~ beleg)	бо, ҳамроҳи	[bo], [hamrohi]
zonder (~ accent)	бе	[be]
naar (in de richting van)	ба	[ba]
over (praten ~)	дар бораи	[dar borai]
voor (in tijd)	пеш аз	[peʃ az]
voor (aan de voorkant)	дар пеши	[dar peʃi]
onder (lager dan)	таги	[tagi]
boven (hoger dan)	дар болои	[dar boloi]
op (bovenop)	ба болои	[ba boloi]
van (uit, afkomstig van)	аз	[az]
van (gemaakt van)	аз	[az]
over (bijv. ~ een uur)	баъд аз	[ba'd az]
over (over de bovenkant)	аз болои ...	[az boloi]

17. Functiewoorden. Bijwoorden. Deel 1

Waar?	Дар куҷо?	[dar kudʒo]
hier (bw)	ин ҷо	[in dʒo]
daar (bw)	он ҷо	[on dʒo]
ergens (bw)	дар куҷое	[dar kudʒoe]
nergens (bw)	дар ҳеҷ ҷо	[dar hedʒ dʒo]

bij ... (in de buurt)	дар назди ...	[dar nazdi]
bij het raam	дар назди тиреза	[dar nazdi tireza]
Waarheen?	Кучо?	[kudʒo]
hierheen (bw)	ин чо	[in tʃo]
daarheen (bw)	ба он чо	[ba on dʒo]
hiervandaan (bw)	аз ин чо	[az in dʒo]
daarvandaan (bw)	аз он чо	[az on dʒo]
dichtbij (bw)	наздик	[nazdik]
ver (bw)	дур	[dur]
in de buurt (van ...)	дар бари	[dar bari]
vlakbij (bw)	бисёр наздик	[bisjɔr nazdik]
niet ver (bw)	наздик	[nazdik]
linker (bn)	чап	[tʃap]
links (bw)	аз чап	[az tʃap]
linksaf, naar links (bw)	ба тарафи чап	[ba tarafi tʃap]
rechter (bn)	рост	[rost]
rechts (bw)	аз рост	[az rost]
rechtsaf, naar rechts (bw)	ба тарафи рост	[ba tarafi rost]
vooraan (bw)	аз пеш	[az peʃ]
voorste (bn)	пешин	[peʃin]
vooruit (bw)	ба пеш	[ba peʃ]
achter (bw)	дар қафои	[dar qafoi]
van achteren (bw)	аз қафо	[az qafo]
achteruit (naar achteren)	ақиб	[aqib]
midden (het)	миёна	[mijɔna]
in het midden (bw)	дар миёна	[dar mijɔna]
opzij (bw)	аз паҳлу	[az pahlu]
overal (bw)	дар ҳар чо	[dar har dʒo]
omheen (bw)	гирду атроф	[girdu atrof]
binnenuit (bw)	аз дарун	[az darun]
naar ergens (bw)	ба ким-кучо	[ba kim-kudʒo]
rechtdoor (bw)	миёнбур карда	[mijɔnbur karda]
terug (bijv. ~ komen)	ба ақиб	[ba aqib]
ergens vandaan (bw)	аз ягон чо	[az jagon dʒo]
ergens vandaan (en dit geld moet ~ komen)	аз як чо	[az jak dʒo]
ten eerste (bw)	аввалан	[avvalan]
ten tweede (bw)	дуюм	[dujum]
ten derde (bw)	сеюм	[sejum]
plotseling (bw)	ногоҳ, баногоҳ	[nogoh], [banogoh]
in het begin (bw)	дар аввал	[dar avval]
voor de eerste keer (bw)	якумин	[jakumin]
lang voor ... (bw)	хеле пеш	[xele peʃ]

opnieuw (bw)	аз нав	[az nav]
voor eeuwig (bw)	тамоман	[tamoman]
nooit (bw)	ҳеҷ гоҳ	[hedʒ goh]
weer (bw)	боз, аз дигар	[boz], [az digar]
nu (bw)	акнун	[aknun]
vaak (bw)	тез-тез	[tez-tez]
toen (bw)	он вақт	[on vaqt]
urgent (bw)	зуд, фавран	[zud], [favran]
meestal (bw)	одатан	[odatan]
trouwens, ... (tussen haakjes)	воқеан	[voqean]
mogelijk (bw)	шояд	[ʃojad]
waarschijnlijk (bw)	эҳтимол	[ɛhtimol]
misschien (bw)	эҳтимол, шояд	[ɛhtimol], [ʃojad]
trouwens (bw)	ғайр аз он	[ʁajr az on]
daarom ...	бинобар ин	[binobar in]
in weerwil van ...	ба ин нигоҳ накарда	[ba in nigoh nakarda]
dankzij ...	ба туфайли ...	[ba tufajli]
wat (vn)	чӣ	[tʃiː]
dat (vw)	ки	[ki]
iets (vn)	чизе	[tʃize]
iets	ягон чиз	[jagon tʃiz]
niets (vn)	ҳеҷ чиз	[hedʒ tʃiz]
wie (~ is daar?)	кӣ	[kiː]
iemand (een onbekende)	ким-кӣ	[kim-kiː]
iemand (een bepaald persoon)	касе	[kase]
niemand (vn)	ҳеҷ кас	[hedʒ kas]
nergens (bw)	ба ҳеҷ куҷо	[ba hedʒ kudʒo]
niemands (bn)	бесоҳиб	[besohib]
iemands (bn)	аз они касе	[az oni kase]
zo (Ik ben ~ blij)	чунон	[tʃunon]
ook (evenals)	ҳам	[ham]
alsook (eveneens)	низ, ҳам	[niz], [ham]

18. Functiewoorden. Bijwoorden. Deel 2

Waarom?	Барои чӣ?	[baroi tʃiː]
om een bepaalde reden	бо ким-кадом сабаб	[bo kim-kadom sabab]
omdat ...	зеро ки	[zero ki]
voor een bepaald doel	барои чизе	[baroi tʃize]
en (vw)	ва, ... у, ... ю	[va], [u], [ju]
of (vw)	ё	[jɔ]
maar (vw)	аммо, лекин	[ammo], [lekin]
voor (vz)	барои	[baroi]
te (~ veel mensen)	аз меъёр зиёд	[az meʼjɔr zijɔd]
alleen (bw)	фақат	[faqat]

precies (bw)	айнан	[ajnan]
ongeveer (~ 10 kg)	тақрибан	[taqriban]
omstreeks (bw)	тақрибан	[taqriban]
bij benadering (bn)	тақрибӣ	[taqribi:]
bijna (bw)	қариб	[qarib]
rest (de)	боқимонда	[boqimonda]
de andere (tweede)	дигар	[digar]
ander (bn)	дигар	[digar]
elk (bn)	ҳар	[har]
om het even welk	ҳар	[har]
veel (grote hoeveelheid)	бисёр, хеле	[bisjɔr], [xele]
veel mensen	бисёриҳо	[bisjɔriho]
iedereen (alle personen)	ҳама	[hama]
in ruil voor …	баивази	[ba ivazi]
in ruil (bw)	ба ивазаш	[ba ivazaʃ]
met de hand (bw)	дастӣ	[dasti:]
onwaarschijnlijk (bw)	ба гумон	[ba gumon]
waarschijnlijk (bw)	эҳтимол, шояд	[ɛhtimol], [ʃojad]
met opzet (bw)	барқасд	[barqasd]
toevallig (bw)	тасодуфан	[tasodufan]
zeer (bw)	хеле	[xele]
bijvoorbeeld (bw)	масалан, чунончи	[masalan], [tʃunontʃi]
tussen (~ twee steden)	дар байни	[dar bajni]
tussen (te midden van)	дар байни …	[dar bajni]
zoveel (bw)	ин қадар	[in qadar]
vooral (bw)	хусусан	[xususan]

Basisbegrippen Deel 2

19. Dagen van de week

maandag (de)	душанбе	[duʃanbe]
dinsdag (de)	сешанбе	[seʃanbe]
woensdag (de)	чоршанбе	[tʃorʃanbe]
donderdag (de)	панчшанбе	[pandʒʃanbe]
vrijdag (de)	чумъа	[dʒum'a]
zaterdag (de)	шанбе	[ʃanbe]
zondag (de)	якшанбе	[jakʃanbe]

vandaag (bw)	имрӯз	[imrœz]
morgen (bw)	пагоҳ, фардо	[pagoh], [fardo]
overmorgen (bw)	пасфардо	[pasfardo]
gisteren (bw)	дирӯз, дина	[dirœz], [dina]
eergisteren (bw)	парирӯз	[parirœz]

dag (de)	рӯз	[rœz]
werkdag (de)	рӯзи кор	[rœzi kor]
feestdag (de)	рӯзи ид	[rœzi id]
verlofdag (de)	рӯзи истироҳат	[rœzi istirohat]
weekend (het)	рӯзҳои истироҳат	[rœzhoi istirohat]

de hele dag (bw)	тамоми рӯз	[tamomi rœz]
de volgende dag (bw)	рӯзи дигар	[rœzi digar]
twee dagen geleden	ду рӯз пеш	[du rœz peʃ]
aan de vooravond (bw)	як рӯз пеш	[jak rœz peʃ]
dag-, dagelijks (bn)	ҳаррӯза	[harrœza]
elke dag (bw)	ҳар рӯз	[har rœz]

week (de)	ҳафта	[hafta]
vorige week (bw)	ҳафтаи гузашта	[haftai guzaʃta]
volgende week (bw)	ҳафтаи оянда	[haftai ojanda]
wekelijks (bn)	ҳафтаина	[haftaina]
elke week (bw)	ҳар ҳафта	[har hafta]
twee keer per week	ҳафтае ду маротиба	[haftae du marotiba]
elke dinsdag	ҳар сешанбе	[har seʃanbe]

20. Uren. Dag en nacht

morgen (de)	пагоҳӣ	[pagohi:]
's morgens (bw)	пагоҳирӯзӣ	[pagohirœzi:]
middag (de)	нисфи рӯз	[nisfi rœz]
's middags (bw)	баъди пешин	[ba'di peʃin]

avond (de)	бегоҳ, бегоҳирӯз	[begoh], [begohirœz]
's avonds (bw)	бегоҳӣ, бегоҳирӯзӣ	[begohi:], [begohirœzi:]

nacht (de)	шаб	[ʃab]
's nachts (bw)	шабона	[ʃabona]
middernacht (de)	нисфи шаб	[nisfi ʃab]
seconde (de)	сония	[sonija]
minuut (de)	дақиқа	[daqiqa]
uur (het)	соат	[soat]
halfuur (het)	нимсоат	[nimsoat]
kwartier (het)	чоряки соат	[tʃorjaki soat]
vijftien minuten	понздаҳ дақиқа	[ponzdah daqiqa]
etmaal (het)	шабонарӯз	[ʃabonarœz]
zonsopgang (de)	тулӯъ	[tulœ']
dageraad (de)	субҳидам	[subhidam]
vroege morgen (de)	субҳи барвақт	[subhi barvaqt]
zonsondergang (de)	ғуруби офтоб	[ʁurubi oftob]
's morgens vroeg (bw)	субҳи барвақт	[subhi barvaqt]
vanmorgen (bw)	имрӯз пагоҳӣ	[imrœz pagohi:]
morgenochtend (bw)	пагоҳ саҳарӣ	[pagoh sahari:]
vanmiddag (bw)	имрӯз	[imrœz]
's middags (bw)	баъди пешин	[ba'di peʃin]
morgenmiddag (bw)	пагоҳ баъди пешин	[pagoh ba'di peʃin]
vanavond (bw)	ҳамин бегоҳ	[hamin begoh]
morgenavond (bw)	фардо бегоҳӣ	[fardo begohi:]
klokslag drie uur	расо соати се	[raso soati se]
ongeveer vier uur	наздикии соати чор	[nazdiki:i soati tʃor]
tegen twaalf uur	соатҳои дувоздаҳ	[soathoi duvozdah]
over twintig minuten	баъд аз бист дақиқа	[ba'd az bist daqiqa]
over een uur	баъд аз як соат	[ba'd az jak soat]
op tijd (bw)	дар вақташ	[dar vaqtaʃ]
kwart voor ...	понздаҳто кам	[ponzdahto kam]
binnen een uur	дар давоми як соат	[dar davomi jak soat]
elk kwartier	ҳар понздаҳ дақиқа	[har ponzdah daqiqa]
de klok rond	шабу рӯз	[ʃabu rœz]

21. Maanden. Seizoenen

januari (de)	январ	[janvar]
februari (de)	феврал	[fevral]
maart (de)	март	[mart]
april (de)	апрел	[aprel]
mei (de)	май	[maj]
juni (de)	июн	[ijun]
juli (de)	июл	[ijul]
augustus (de)	август	[avgust]
september (de)	сентябр	[sentjabr]
oktober (de)	октябр	[oktjabr]

november (de)	ноябр	[nojabr]
december (de)	декабр	[dekabr]
lente (de)	баҳор, баҳорон	[bahor], [bahoron]
in de lente (bw)	дар фасли баҳор	[dar fasli bahor]
lente- (abn)	баҳорӣ	[bahori:]
zomer (de)	тобистон	[tobiston]
in de zomer (bw)	дар тобистон	[dar tobiston]
zomer-, zomers (bn)	тобистона	[tobistona]
herfst (de)	тирамоҳ	[tiramoh]
in de herfst (bw)	дар тирамоҳ	[dar tiramoh]
herfst- (abn)	… и тирамоҳ	[i tiramoh]
winter (de)	зимистон	[zimiston]
in de winter (bw)	дар зимистон	[dar zimiston]
winter- (abn)	зимистонӣ, … и зимистон	[zimistoni:], [i zimiston]
maand (de)	моҳ	[moh]
deze maand (bw)	ҳамин моҳ	[hamin moh]
volgende maand (bw)	дар моҳи оянда	[dar mohi ojanda]
vorige maand (bw)	дар моҳи гузашта	[dar mohi guzaʃta]
een maand geleden (bw)	як моҳ пеш	[jak moh peʃ]
over een maand (bw)	баъд аз як моҳ	[ba'd az jak moh]
over twee maanden (bw)	баъд аз ду моҳ	[ba'd az du moh]
de hele maand (bw)	тамоми моҳ	[tamomi moh]
een volle maand (bw)	тамоми моҳ	[tamomi moh]
maand-, maandelijks (bn)	ҳармоҳа	[harmoha]
maandelijks (bw)	ҳар моҳ	[har moh]
elke maand (bw)	ҳар моҳ	[har moh]
twee keer per maand	ду маротиба дар як моҳ	[du marotiba dar jak moh]
jaar (het)	сол	[sol]
dit jaar (bw)	ҳамин сол	[hamin sol]
volgend jaar (bw)	соли оянда	[soli ojanda]
vorig jaar (bw)	соли гузашта	[soli guzaʃta]
een jaar geleden (bw)	як сол пеш	[jak sol peʃ]
over een jaar	баъд аз як сол	[ba'd az jak sol]
over twee jaar	баъд аз ду сол	[ba'd az du sol]
het hele jaar	тамоми сол	[tamomi sol]
een vol jaar	як соли пурра	[jak soli purra]
elk jaar	ҳар сол	[har sol]
jaar-, jaarlijks (bn)	ҳарсола	[harsola]
jaarlijks (bw)	ҳар сол	[har sol]
4 keer per jaar	чор маротиба дар як сол	[tʃor marotiba dar jak sol]
datum (de)	таърих, рӯз	[ta'rix], [rœz]
datum (de)	сана	[sana]
kalender (de)	тақвим, солнома	[taqvim], [solnoma]
een half jaar	ним сол	[nim sol]
zes maanden	нимсола	[nimsola]

| seizoen (bijv. lente, zomer) | фасл | [fasl] |
| eeuw (de) | аср | [asr] |

22. Meeteenheden

gewicht (het)	вазн	[vazn]
lengte (de)	дарозӣ	[darozi:]
breedte (de)	арз	[arz]
hoogte (de)	баландӣ	[balandi:]
diepte (de)	чуқурӣ	[ʧuquri:]
volume (het)	ҳаҷм	[haʤm]
oppervlakte (de)	масоҳат	[masohat]

gram (het)	грам	[gram]
milligram (het)	миллиграмм	[milligramm]
kilogram (het)	килограмм	[kilogramm]
ton (duizend kilo)	тонна	[tonna]
pond (het)	қадоқ	[qadoq]
ons (het)	вақия	[vaqija]

meter (de)	метр	[metr]
millimeter (de)	миллиметр	[millimetr]
centimeter (de)	сантиметр	[santimetr]

| kilometer (de) | километр | [kilometr] |
| mijl (de) | мил | [mil] |

| voet (de) | фут | [fut] |
| yard (de) | ярд | [jard] |

| vierkante meter (de) | метри квадратӣ | [metri kvadrati:] |
| hectare (de) | гектар | [gektar] |

liter (de)	литр	[litr]
graad (de)	дараҷа	[daraʤa]
volt (de)	волт	[volt]

| ampère (de) | ампер | [amper] |
| paardenkracht (de) | қувваи асп | [quvvai asp] |

| hoeveelheid (de) | миқдор | [miqdor] |
| een beetje ... | камтар | [kamtar] |

| helft (de) | нисф | [nisf] |
| stuk (het) | дона | [dona] |

| afmeting (de) | ҳаҷм | [haʤm] |
| schaal (bijv. ~ van 1 op 50) | масштаб | [masʃtab] |

minimaal (bn)	камтарин	[kamtarin]
minste (bn)	хурдтарин	[xurdtarin]
medium (bn)	миёна	[mijona]
maximaal (bn)	ниҳоят калон	[nihojat kalon]
grootste (bn)	калонтарин	[kalontarin]

23. Containers

glazen pot (de)	банкаи шишагӣ	[bankai ʃiʃagi:]
blik (conserven~)	банкаи тунукагӣ	[bankai tunukagi:]
emmer (de)	сатил	[satil]
ton (bijv. regenton)	бочка, чалак	[botʃka], [tʃalak]
ronde waterbak (de)	тағора	[taʁora]
tank (bijv. watertank-70-ltr)	бак, чалак	[bak], [tʃalak]
heupfles (de)	обдон	[obdon]
jerrycan (de)	канистра	[kanistra]
tank (bijv. ketelwagen)	систерна	[sisterna]
beker (de)	кружка, дӯлча	[kruʒka], [dœltʃa]
kopje (het)	косача	[kosatʃa]
schoteltje (het)	таксимӣ, таксимича	[taqsimi:], [taqsimitʃa]
glas (het)	стакан	[stakan]
wijnglas (het)	бокал	[bokal]
steelpan (de)	дегча	[degtʃa]
fles (de)	шиша, сурохӣ	[ʃiʃa], [surohi:]
flessenhals (de)	даҳани шиша	[dahani ʃiʃa]
karaf (de)	сурохӣ	[surohi:]
kruik (de)	кӯза	[kœza]
vat (het)	зарф	[zarf]
pot (de)	хурмача	[xurmatʃa]
vaas (de)	гулдон	[guldon]
flacon (de)	шиша	[ʃiʃa]
flesje (het)	хубобча	[hubobtʃa]
tube (bijv. ~ tandpasta)	лӯлача	[lœlatʃa]
zak (bijv. ~ aardappelen)	халта	[xalta]
tasje (het)	халта	[xalta]
pakje (~ sigaretten, enz.)	қуттӣ	[qutti:]
doos (de)	қуттӣ	[qutti:]
kist (de)	қуттӣ	[qutti:]
mand (de)	сабад	[sabad]

MENS

Mens. Het lichaam

24. Hoofd

Nederlands	Tadzjieks	Uitspraak
hoofd (het)	сар	[sar]
gezicht (het)	рӯй	[rœj]
neus (de)	бинӣ	[bini:]
mond (de)	даҳон	[dahon]
oog (het)	чашм, дида	[tʃaʃm], [dida]
ogen (mv.)	чашмон	[tʃaʃmon]
pupil (de)	гавҳараки чашм	[gavharaki tʃaʃm]
wenkbrauw (de)	абрӯ, қош	[abrœ], [qoʃ]
wimper (de)	мижа	[miʒa]
ooglid (het)	пилкҳои чашм	[pilkhoi tʃaʃm]
tong (de)	забон	[zabon]
tand (de)	дандон	[dandon]
lippen (mv.)	лабҳо	[labho]
jukbeenderen (mv.)	устухони рухсора	[ustuxoni ruxsora]
tandvlees (het)	зираи дандон	[zirai dandon]
gehemelte (het)	ком	[kom]
neusgaten (mv.)	сурохии бинӣ	[suroxi:i bini:]
kin (de)	манаҳ	[manah]
kaak (de)	ҷоғ	[dʒoʁ]
wang (de)	рухсор	[ruxsor]
voorhoofd (het)	пешона	[peʃona]
slaap (de)	чакка	[tʃakka]
oor (het)	гӯш	[gœʃ]
achterhoofd (het)	пушти сар	[puʃti sar]
hals (de)	гардан	[gardan]
keel (de)	гулӯ	[gulœ]
haren (mv.)	мӯйи сар	[mœji sar]
kapsel (het)	ороиши мӯйсар	[oroiʃi mœjsar]
haarsnit (de)	ороиши мӯйсар	[oroiʃi mœjsar]
pruik (de)	мӯи ориятӣ	[mœi orijati:]
snor (de)	муйлаб, бурут	[mujlab], [burut]
baard (de)	риш	[riʃ]
dragen (een baard, enz.)	мондан, доштан	[mondan], [doʃtan]
vlecht (de)	кокул	[kokul]
bakkebaarden (mv.)	риши бари рӯй	[riʃi bari rœj]
ros (roodachtig, rossig)	сурхмуй	[surxmuj]
grijs (~ haar)	сафед	[safed]

kaal (bn)	одамсар	[odamsar]
kale plek (de)	тосии сар	[tosi:i sar]
paardenstaart (de)	думча	[dumtʃa]
pony (de)	пича	[pitʃa]

25. Menselijk lichaam

hand (de)	панчаи даст	[pandʒai dast]
arm (de)	даст	[dast]
vinger (de)	ангушт	[anguʃt]
teen (de)	чилик, ангушт	[tʃilik], [anguʃt]
duim (de)	нарангушт	[naranguʃt]
pink (de)	ангушти хурд	[anguʃti χurd]
nagel (de)	нохун	[noχun]
vuist (de)	кулак, мушт	[kulak], [muʃt]
handpalm (de)	каф	[kaf]
pols (de)	банди даст	[bandi dast]
voorarm (de)	бозу	[bozu]
elleboog (de)	оринч	[orindʒ]
schouder (de)	китф	[kitʃ]
been (rechter ~)	по	[po]
voet (de)	панчаи пой	[pandʒai poj]
knie (de)	зону	[zonu]
kuit (de)	соқи по	[soqi po]
heup (de)	миён	[mijɔn]
hiel (de)	пошна	[poʃna]
lichaam (het)	бадан	[badan]
buik (de)	шикам	[ʃikam]
borst (de)	сина	[sina]
borst (de)	сина, пистон	[sina], [piston]
zijde (de)	паҳлу	[pahlu]
rug (de)	пушт	[puʃt]
lage rug (de)	камаргоҳ	[kamargoh]
taille (de)	миён	[mijɔn]
navel (de)	ноф	[nof]
billen (mv.)	сурин	[surin]
achterwerk (het)	сурин	[surin]
huidvlek (de)	хол	[χol]
moedervlek (de)	хол	[χol]
tatoeage (de)	вашм	[vaʃm]
litteken (het)	доғи захм	[doʁi zaχm]

Kleding en accessoires

26. Bovenkleding. Jassen

kleren (mv.), kleding (de)	либос	[libos]
bovenkleding (de)	либоси боло	[libosi bolo]
winterkleding (de)	либоси зимистонӣ	[libosi zimistoni:]
jas (de)	палто	[palto]
bontjas (de)	пӯстин	[pœstin]
bontjasje (het)	нимпӯстин	[nimpœstin]
donzen jas (de)	пуховик	[puxovik]
jasje (bijv. een leren ~)	куртка	[kurtka]
regenjas (de)	боронӣ	[boroni:]
waterdicht (bn)	обногузар	[obnoguzar]

27. Heren & dames kleding

overhemd (het)	курта	[kurta]
broek (de)	шим, шалвор	[ʃim], [ʃalvor]
jeans (de)	шими ҷинс	[ʃimi dʒins]
colbert (de)	пиҷак	[pidʒak]
kostuum (het)	костюм	[kostjum]
jurk (de)	куртаи заннона	[kurtai zannona]
rok (de)	юбка	[jubka]
blouse (de)	блузка	[bluzka]
wollen vest (de)	кофтаи бофта	[koftai bofta]
blazer (kort jasje)	жакет	[ʒaket]
T-shirt (het)	футболка	[futbolka]
shorts (mv.)	шортик	[ʃortik]
trainingspak (het)	либоси варзишӣ	[libosi varziʃi:]
badjas (de)	халат	[xalat]
pyjama (de)	пижама	[piʒama]
sweater (de)	свитер	[sviter]
pullover (de)	пуловер	[pulover]
gilet (het)	камзӯл	[kamzœl]
rokkostuum (het)	фрак	[frak]
smoking (de)	смокинг	[smoking]
uniform (het)	либоси расмӣ	[libosi rasmi:]
werkkleding (de)	либоси корӣ	[libosi kori:]
overall (de)	комбинезон	[kombinezon]
doktersjas (de)	халат	[xalat]

28. Kleding. Ondergoed

ondergoed (het)	либоси таг	[libosi tag]
herenslip (de)	турсуки мардона	[tursuki mardona]
slipjes (mv.)	турсуки занона	[tursuki zanona]
onderhemd (het)	майка	[majka]
sokken (mv.)	пайпоқ	[pajpoq]
nachthemd (het)	куртаи хоб	[kurtai χob]
beha (de)	синабанд	[sinaband]
kniekousen (mv.)	чуроби кутоҳ	[dʒurobi kutoh]
panty (de)	колготка	[kolgotka]
nylonkousen (mv.)	чуроби дароз	[tʃurobi daroz]
badpak (het)	либоси оббозӣ	[libosi obbozi:]

29. Hoofddeksels

hoed (de)	кулоҳ, телпак	[kuloh], [telpak]
deukhoed (de)	шляпаи моҳутӣ	[ʃljapai mohuti:]
honkbalpet (de)	бейсболка	[bejsbolka]
kleppet (de)	кепка	[kepka]
baret (de)	берет	[beret]
kap (de)	либоси кулоҳдор	[libosi kulohdor]
panamahoed (de)	панамка	[panamka]
gebreide muts (de)	шапкаи бофтагӣ	[ʃapkai boftagi:]
hoofddoek (de)	рӯймол	[rœjmol]
dameshoed (de)	кулоҳча	[kulohtʃa]
veiligheidshelm (de)	тоскулоҳ	[toskuloh]
veldmuts (de)	пилотка	[pilotka]
helm, valhelm (de)	хӯд	[χœd]
bolhoed (de)	дегчакулох	[degtʃakuloχ]
hoge hoed (de)	силиндр	[silindr]

30. Schoeisel

schoeisel (het)	пойафзол	[pojafzol]
schoenen (mv.)	патинка	[patinka]
vrouwenschoenen (mv.)	кафш, туфли	[kafʃ], [tufli]
laarzen (mv.)	мӯза	[mœza]
pantoffels (mv.)	шиппак	[ʃippak]
sportschoenen (mv.)	крассовка	[krassovka]
sneakers (mv.)	кетӣ	[keti:]
sandalen (mv.)	сандал	[sandal]
schoenlapper (de)	мӯзадӯз	[mœzadœz]
hiel (de)	пошна	[poʃna]

paar (een ~ schoenen)	чуфт	[dʒuft]
veter (de)	бандак	[bandak]
rijgen (schoenen ~)	бандак гузарондан	[bandak guzarondan]
schoenlepel (de)	кафчаи кафшпӯшӣ	[kaftʃai kafʃpœʃi:]
schoensmeer (de/het)	креми пойафзол	[kremi pojafzol]

31. Persoonlijke accessoires

handschoenen (mv.)	дастпӯшак	[dastpœʃak]
wanten (mv.)	дастпӯшаки бепанҷа	[dastpœʃaki bepandʒa]
sjaal (fleece ~)	гарданпеч	[gardanpetʃ]
bril (de)	айнак	[ajnak]
brilmontuur (het)	чанбарак	[tʃanbarak]
paraplu (de)	соябон, чатр	[sojabon], [tʃatr]
wandelstok (de)	чӯб	[tʃœb]
haarborstel (de)	чӯткаи мӯйсар	[tʃœtkai mœjsar]
waaier (de)	бодбезак	[bodbezak]
das (de)	галстук	[galstuk]
strikje (het)	галстук-шапарак	[galstuk-ʃaparak]
bretels (mv.)	шалворбанди китфӣ	[ʃalvorbandi kitfi:]
zakdoek (de)	даструймол	[dastrœjmol]
kam (de)	шона	[ʃona]
haarspeldje (het)	сарсӯзан, бандак	[sarsœzan], [bandak]
schuifspeldje (het)	санҷак	[sandʒak]
gesp (de)	сагаки тасма	[sagaki tasma]
broekriem (de)	тасма	[tasma]
draagriem (de)	тасма	[tasma]
handtas (de)	сумка	[sumka]
damestas (de)	сумка	[sumka]
rugzak (de)	борхалта	[borχalta]

32. Kleding. Diversen

mode (de)	мод	[mod]
de mode (bn)	модшуда	[modʃuda]
kledingstilist (de)	тархсоз	[tarhsoz]
kraag (de)	гиребон, ёқа	[girebon], [jɔqa]
zak (de)	киса	[kisa]
zak- (abn)	... и киса	[i kisa]
mouw (de)	остин	[ostin]
lusje (het)	банди либос	[bandi libos]
gulp (de)	чоки пеши шим	[tʃoki peʃi ʃim]
rits (de)	занҷирак	[zandʒirak]
sluiting (de)	гирехбанд	[girehband]
knoop (de)	тугма	[tugma]

knoopsgat (het)	банди тугма	[bandi tugma]
losraken (bijv. knopen)	канда шудан	[kanda ʃudan]
naaien (kleren, enz.)	дӯхтан	[dœχtan]
borduren (ww)	гулдӯзӣ кардан	[guldœzi: kardan]
borduursel (het)	гулдӯзӣ	[guldœzi:]
naald (de)	сӯзани чокдӯзи	[sœzani tʃokdœzi]
draad (de)	ресмон	[resmon]
naad (de)	чок	[tʃok]
vies worden (ww)	олуда шудан	[oluda ʃudan]
vlek (de)	доғ, лакка	[doʁ], [lakka]
gekreukt raken (ov. kleren)	ғичим шудан	[ʁidʒim ʃudan]
scheuren (ov.ww.)	дарронДан	[darrondan]
mot (de)	куя	[kuja]

33. Persoonlijke verzorging. Schoonheidsmiddelen

tandpasta (de)	хамираи дандон	[χamirai dandon]
tandenborstel (de)	чӯткаи дандоншӯӣ	[tʃœtkai dandonʃœi:]
tanden poetsen (ww)	дандон шустан	[dandon ʃustan]
scheermes (het)	ришгирак	[riʃgirak]
scheerschuim (het)	креми ришгирӣ	[kremi riʃgiri:]
zich scheren (ww)	риш гирифтан	[riʃ giriftan]
zeep (de)	собун	[sobun]
shampoo (de)	шампун	[ʃampun]
schaar (de)	кайчӣ	[kajtʃi:]
nagelvijl (de)	тарошаи нохунҳо	[taroʃai noχunho]
nagelknipper (de)	анбӯрча барои нохунҳо	[anbœrtʃa baroi noχunho]
pincet (het)	мӯйчинак	[mœjtʃinak]
cosmetica (de)	косметика	[kosmetika]
masker (het)	ниқоби косметикӣ	[niqobi kosmetiki:]
manicure (de)	нохунорой	[noχunoroi:]
manicure doen	нохун оростан	[noχun orostan]
pedicure (de)	ороиши нохунҳои пой	[oroiʃi noχunhoi poj]
cosmetica tasje (het)	косметичка	[kosmetitʃka]
poeder (de/het)	сафеда	[safeda]
poederdoos (de)	қуттии упо	[qutti:i upo]
rouge (de)	сурхӣ	[surχi:]
eau de toilet (de)	атр	[atr]
lotion (de)	оби мушкин	[obi muʃkin]
eau de cologne (de)	атр	[atr]
oogschaduw (de)	тен барои пилкҳои чашм	[ten baroi pilkhoi tʃaʃm]
oogpotlood (het)	қалами чашм	[qalami tʃaʃm]
mascara (de)	туш барои мижаҳо	[tuʃ baroi miʒaho]
lippenstift (de)	лабсурхкунак	[labsurχkunak]
nagellak (de)	лаки нохун	[laki noχun]

haarlak (de)	лаки мӯйсар	[laki mœjsar]
deodorant (de)	дезодорант	[dezodorant]
crème (de)	крем, равғани рӯй	[krem], [ravʁani rœj]
gezichtscrème (de)	креми рӯй	[kremi rœj]
handcrème (de)	креми даст	[kremi dast]
antirimpelcrème (de)	креми зиддиожанг	[kremi ziddioʒang]
dagcrème (de)	креми рӯзона	[kremi rœzona]
nachtcrème (de)	креми шабона	[kremi ʃabona]
dag- (abn)	рӯзона, ~и рӯз	[rœzona], [~i rœz]
nacht- (abn)	шабона, ... и шаб	[ʃabona], [i ʃab]
tampon (de)	тампон	[tampon]
toiletpapier (het)	коғази хоҷатхона	[koʁazi χodʒatχona]
föhn (de)	мӯхушккунак	[mœχuʃkkunak]

34. Horloges. Klokken

polshorloge (het)	соати дастӣ	[soati dasti:]
wijzerplaat (de)	лавҳаи соат	[lavhai soat]
wijzer (de)	акрабак	[akrabak]
metalen horlogeband (de)	дастпона	[dastpona]
horlogebandje (het)	банди соат	[bandi soat]
batterij (de)	батареяча, батарейка	[baterejatʃa], [baterejka]
leeg zijn (ww)	холӣ шудааст	[χoli: ʃudaast]
batterij vervangen	иваз кардани батаре	[ivaz kardani batare]
voorlopen (ww)	пеш меравад	[peʃ meravad]
achterlopen (ww)	ақиб мондан	[aqib mondan]
wandklok (de)	соати деворӣ	[soati devori:]
zandloper (de)	соати регӣ	[soati regi:]
zonnewijzer (de)	соати офтобӣ	[soati oftobi:]
wekker (de)	соати рӯимизии зангдор	[soati rœimizi:i zangdor]
horlogemaker (de)	соатсоз	[soatsoz]
repareren (ww)	таъмир кардан	[ta'mir kardan]

Voedsel. Voeding

35. Voedsel

vlees (het)	гӯшт	[gœʃt]
kip (de)	мурғ	[muʀɣ]
kuiken (het)	чӯча	[ʧœdʒa]
eend (de)	мурғобӣ	[muʀʁobi:]
gans (de)	қоз, ғоз	[qoz], [ʀoz]
wild (het)	сайди шикор	[sajdi ʃikor]
kalkoen (de)	мурғи марҷон	[muʀɣi mardʒon]
varkensvlees (het)	гӯшти хук	[gœʃti χuk]
kalfsvlees (het)	гӯшти гӯсола	[gœʃti gœsola]
schapenvlees (het)	гӯшти гӯсфанд	[gœʃti gœsfand]
rundvlees (het)	гӯшти гов	[gœʃti gov]
konijnenvlees (het)	харгӯш	[χargœʃ]
worst (de)	ҳасиб	[hasib]
saucijs (de)	ҳасибча	[hasibtʃa]
spek (het)	бекон	[bekon]
ham (de)	ветчина	[vettʃina]
gerookte achterham (de)	рон	[ron]
paté, pastei (de)	паштет	[paʃtet]
lever (de)	ҷигар	[dʒigar]
gehakt (het)	гӯшти кӯфта	[gœʃti kœfta]
tong (de)	забон	[zabon]
ei (het)	тухм	[tuχm]
eieren (mv.)	тухм	[tuχm]
eiwit (het)	сафедии тухм	[safedi:i tuχm]
eigeel (het)	зардии тухм	[zardi:i tuχm]
vis (de)	моҳӣ	[mohi:]
zeevruchten (mv.)	маҳсулоти баҳрӣ	[mahsuloti bahri:]
schaaldieren (mv.)	буғумпойҳо	[buʁumpojho]
kaviaar (de)	тухми моҳӣ	[tuχmi mohi:]
krab (de)	харчанг	[χartʃang]
garnaal (de)	креветка	[krevetka]
oester (de)	садафак	[sadafak]
langoest (de)	лангуст	[langust]
octopus (de)	ҳаштпо	[haʃtpo]
inktvis (de)	калмар	[kalmar]
steur (de)	гӯшти тосмоҳӣ	[gœʃti tosmohi:]
zalm (de)	озодмоҳӣ	[ozodmohi:]
heilbot (de)	палтус	[paltus]
kabeljauw (de)	равғанмоҳӣ	[ravʁanmohi:]

makreel (de)	зағӯтамохӣ	[zaʁœtamohi:]
tonijn (de)	самак	[samak]
paling (de)	мормохӣ	[mormohi:]
forel (de)	гулмохӣ	[gulmohi:]
sardine (de)	саморис	[samoris]
snoek (de)	шӯртан	[ʃœrtan]
haring (de)	шӯрмохӣ	[ʃœrmohi:]
brood (het)	нон	[non]
kaas (de)	панир	[panir]
suiker (de)	шакар	[ʃakar]
zout (het)	намак	[namak]
rijst (de)	биринҷ	[birindʒ]
pasta (de)	макарон	[makaron]
noedels (mv.)	угро	[ugro]
boter (de)	равғани маска	[ravʁani maska]
plantaardige olie (de)	равғани пок	[ravʁani pok]
zonnebloemolie (de)	равғани офтобпараст	[ravʁani oftobparast]
margarine (de)	маргарин	[margarin]
olijven (mv.)	зайтун	[zajtun]
olijfolie (de)	равғани зайтун	[ravʁani zajtun]
melk (de)	шир	[ʃir]
gecondenseerde melk (de)	ширқиём	[ʃirqijom]
yoghurt (de)	йогурт	[jɔgurt]
zure room (de)	қаймок	[qajmok]
room (de)	қаймоқ	[qajmoq]
mayonaise (de)	майонез	[majɔnez]
crème (de)	крем	[krem]
graan (het)	ярма	[jarma]
meel (het), bloem (de)	орд	[ord]
conserven (mv.)	консерв	[konserv]
maïsvlokken (mv.)	бадроқи чуворимакка	[badroqi dʒuvorimakka]
honing (de)	асал	[asal]
jam (de)	чем	[dʒem]
kauwgom (de)	сақич, илк	[saqitʃ], [ilq]

36. Drankjes

water (het)	об	[ob]
drinkwater (het)	оби нӯшиданӣ	[obi nœʃidani:]
mineraalwater (het)	оби минералӣ	[obi minerali:]
zonder gas	бе газ	[be gaz]
koolzuurhoudend (bn)	газнок	[gaznok]
bruisend (bn)	газдор	[gazdor]
IJs (het)	ях	[jax]

met ijs	бо ях, яхдор	[bo jaχ], [jaχdor]
alcohol vrij (bn)	беалкогол	[bealkogol]
alcohol vrije drank (de)	нӯшокии беалкогол	[nœʃoki:i bealkogol]
frisdrank (de)	нӯшокии хунук	[nœʃoki:i χunuk]
limonade (de)	лимонад	[limonad]
alcoholische dranken (mv.)	нӯшокиҳои спиртӣ	[nœʃokihoi spirti:]
wijn (de)	шароб, май	[ʃarob], [maj]
witte wijn (de)	маи ангури сафед	[mai anguri safed]
rode wijn (de)	маи арғувонӣ	[mai arʁuvoni:]
likeur (de)	ликёр	[likjɔr]
champagne (de)	шампан	[ʃampan]
vermout (de)	вермут	[vermut]
whisky (de)	виски	[viski]
wodka (de)	арақ, водка	[araq], [vodka]
gin (de)	чин	[ʤin]
cognac (de)	коняк	[konjak]
rum (de)	ром	[rom]
koffie (de)	қаҳва	[qahva]
zwarte koffie (de)	қаҳваи сиёҳ	[qahvai sijɔh]
koffie (de) met melk	ширқаҳва	[ʃirqahva]
cappuccino (de)	капучино	[kaputʃino]
oploskoffie (de)	қаҳваи кӯфта	[qahvai kœfta]
melk (de)	шир	[ʃir]
cocktail (de)	коктейл	[koktejl]
milkshake (de)	коктейли ширӣ	[koktejli ʃiri:]
sap (het)	шарбат	[ʃarbat]
tomatensap (het)	шираи помидор	[ʃirai pomidor]
sinaasappelsap (het)	афшураи афлесун	[aʃurai aflesun]
vers geperst sap (het)	афшураи тоза тайёршуда	[aʃurai toza tajjɔrʃuda]
bier (het)	пиво	[pivo]
licht bier (het)	оби чави шафоф	[obi ʤavi ʃafof]
donker bier (het)	оби чави торик	[obi ʤavi torik]
thee (de)	чой	[tʃoj]
zwarte thee (de)	чойи сиёҳ	[tʃoji sijɔh]
groene thee (de)	чои кабуд	[tʃoi kabud]

37. Groenten

groenten (mv.)	сабзавот	[sabzavot]
verse kruiden (mv.)	сабзавот	[sabzavot]
tomaat (de)	помидор	[pomidor]
augurk (de)	бодиринг	[bodiring]
wortel (de)	сабзӣ	[sabzi:]
aardappel (de)	картошка	[kartoʃka]
ui (de)	пиёз	[pijɔz]

knoflook (de)	сир	[sir]
kool (de)	карам	[karam]
bloemkool (de)	гулкарам	[gulkaram]
spruitkool (de)	карами брусселӣ	[karami brusseli:]
broccoli (de)	карами брокколӣ	[karami brokkoli:]
rode biet (de)	лаблабу	[lablabu]
aubergine (de)	бодинҷон	[bodindʒon]
courgette (de)	таррак	[tarrak]
pompoen (de)	каду	[kadu]
raap (de)	шалғам	[ʃalʁam]
peterselie (de)	чаъфарӣ	[dʒa'fari:]
dille (de)	шибит	[ʃibit]
sla (de)	коху	[kohu]
selderij (de)	карафс	[karafs]
asperge (de)	морчӯба	[mortʃœba]
spinazie (de)	испаноқ	[ispanoq]
erwt (de)	нахӯд	[naxœd]
bonen (mv.)	лӯбиё	[lœbijɔ]
maïs (de)	чуворимакка	[dʒuvorimakka]
boon (de)	лӯбиё	[lœbijɔ]
peper (de)	қаламфур	[qalamfur]
radijs (de)	шалғамча	[ʃalʁamtʃa]
artisjok (de)	анганор	[anganor]

38. Vruchten. Noten

vrucht (de)	мева	[meva]
appel (de)	себ	[seb]
peer (de)	мурӯд, нок	[murœd], [nok]
citroen (de)	лиму	[limu]
sinaasappel (de)	афлесун, пӯртахол	[aflesun], [pœrtaxol]
aardbei (de)	қулфинай	[qulfinaj]
mandarijn (de)	норанг	[norang]
pruim (de)	олу	[olu]
perzik (de)	шафтолу	[ʃaftolu]
abrikoos (de)	дарахти зардолу	[daraxti zardolu]
framboos (de)	тамашк	[tamaʃk]
ananas (de)	ананас	[ananas]
banaan (de)	банан	[banan]
watermeloen (de)	тарбуз	[tarbuz]
druif (de)	ангур	[angur]
zure kers (de)	олуболу	[olubolu]
zoete kers (de)	гелос	[gelos]
grapefruit (de)	норинҷ	[norindʒ]
avocado (de)	авокадо	[avokado]
papaja (de)	папайя	[papajja]
mango (de)	анбаҳ	[anbah]

granaatappel (de)	анор	[anor]
rode bes (de)	коти сурх	[koti surx]
zwarte bes (de)	қоти сиёҳ	[qoti sijɔh]
kruisbes (de)	бектошӣ	[bektoʃi:]
bosbes (de)	черника	[tʃernika]
braambes (de)	марминчон	[marmindʒon]
rozijn (de)	мавиз	[maviz]
vijg (de)	анчир	[andʒir]
dadel (de)	хурмо	[xurmo]
pinda (de)	финдуки заминӣ	[finduki zamini:]
amandel (de)	бодом	[bodom]
walnoot (de)	чормағз	[tʃormaʁz]
hazelnoot (de)	финдиқ	[findiq]
kokosnoot (de)	норгил	[norgil]
pistaches (mv.)	писта	[pista]

39. Brood. Snoep

suikerbakkerij (de)	маҳсулоти қаннодӣ	[mahsuloti qannodi]
brood (het)	нон	[non]
koekje (het)	кулчақанд	[kultʃaqand]
chocolade (de)	шоколад	[ʃokolad]
chocolade- (abn)	… и шоколад, шоколадӣ	[i ʃokolad], [ʃokoladi:]
snoepje (het)	конфет	[konfet]
cakeje (het)	пирожни	[piroʒni]
taart (bijv. verjaardags~)	торт	[tort]
pastei (de)	пирог	[pirog]
vulling (de)	пур кардани, андохтани	[pur kardani], [andoxtani]
confituur (de)	мураббо	[murabbo]
marmelade (de)	мармалод	[marmalod]
wafel (de)	вафлӣ	[vafli:]
IJsje (het)	яхмос	[jaxmos]
pudding (de)	пудинг	[puding]

40. Bereide gerechten

gerecht (het)	таом	[taom]
keuken (bijv. Franse ~)	таомхо	[taomho]
recept (het)	ретсепт	[retsept]
portie (de)	навола	[navola]
salade (de)	салат	[salat]
soep (de)	шӯрбо	[ʃœrbo]
bouillon (de)	булён	[buljɔn]
boterham (de)	бутерброд	[buterbrod]
spiegelei (het)	тухмбирён	[tuxmbirjɔn]

hamburger (de)	гамбургер	[gamburger]
biefstuk (de)	бифштекс	[bifʃteks]
garnering (de)	хӯриши таом	[xœriʃi taom]
spaghetti (de)	спагеттӣ	[spagetti:]
aardappelpuree (de)	пюре	[pjure]
pizza (de)	питса	[pitsa]
pap (de)	шӯла	[ʃœla]
omelet (de)	омлет, тухмбирён	[omlet], [tuxmbirjɔn]
gekookt (in water)	чӯшондашуда	[dʒœʃondaʃuda]
gerookt (bn)	дудхӯрда	[dudxœrda]
gebakken (bn)	бирён	[birjɔn]
gedroogd (bn)	хушк	[xuʃk]
diepvries (bn)	яхкарда	[jaxkarda]
gemarineerd (bn)	дар сирко хобондашуда	[dar sirko xobondaʃuda]
zoet (bn)	ширин	[ʃirin]
gezouten (bn)	шӯр	[ʃœr]
koud (bn)	хунук	[xunuk]
heet (bn)	гарм	[garm]
bitter (bn)	талх	[talx]
lekker (bn)	бомаза	[bomaza]
koken (in kokend water)	пухтан, чӯшондан	[puxtan], [dʒœʃondan]
bereiden (avondmaaltijd ~)	пухтан	[puxtan]
bakken (ww)	бирён кардан	[birjɔn kardan]
opwarmen (ww)	гарм кардан	[garm kardan]
zouten (ww)	намак андохтан	[namak andoxtan]
peperen (ww)	қаламфур андохтан	[qalamfur andoxtan]
raspen (ww)	тарошидан	[taroʃidan]
schil (de)	пӯст	[pœst]
schillen (ww)	пӯст кандан	[pœst kandan]

41. Kruiden

zout (het)	намак	[namak]
gezouten (bn)	шӯр	[ʃœr]
zouten (ww)	намак андохтан	[namak andoxtan]
zwarte peper (de)	мурчи сиёҳ	[murtʃi sijɔh]
rode peper (de)	мурчи сурх	[murtʃi surx]
mosterd (de)	хардал	[xardal]
mierikswortel (de)	қаҳзак	[qahzak]
condiment (het)	хӯриш	[xœriʃ]
specerij , kruiderij (de)	дорувор	[doruvor]
saus (de)	қайла	[qajla]
azijn (de)	сирко	[sirko]
anijs (de)	тухми бодиён	[tuxmi bodijɔn]
basilicum (de)	нозбӯй, райҳон	[nozbœj], [rajhon]
kruidnagel (de)	қаланфури гардан	[qalanfuri gardan]

gember (de)	занҷабил	[zandʒabil]
koriander (de)	кашнич	[kaʃnidʒ]
kaneel (de/het)	дорчин, долчин	[dortʃin], [doltʃin]
sesamzaad (het)	кунҷид	[kundʒid]
laurierblad (het)	барги ғор	[bargi ʁor]
paprika (de)	қаламфур	[qalamfur]
komijn (de)	зира	[zira]
saffraan (de)	заъфарон	[za'faron]

42. Maaltijden

eten (het)	хӯрок, таом	[xœrok], [taom]
eten (ww)	хӯрдан	[xœrdan]
ontbijt (het)	ноништа	[noniʃta]
ontbijten (ww)	ноништа кардан	[noniʃta kardan]
lunch (de)	хӯроки пешин	[xœroki peʃin]
lunchen (ww)	хӯроки пешин хӯрдан	[xœroki peʃin xœrdan]
avondeten (het)	шом	[ʃom]
souperen (ww)	хӯроки шом хӯрдан	[xœroki ʃom xœrdan]
eetlust (de)	иштихо	[iʃtiho]
Eet smakelijk!	Ош шавад!	[oʃ ʃavad]
openen (een fles ~)	кушодан	[kuʃodan]
morsen (koffie, enz.)	резондан	[rezondan]
zijn gemorst	рехтан	[rextan]
koken (water kookt bij 100°C)	ҷӯшидан	[dʒœʃidan]
koken (Hoe om water te ~)	ҷӯшондан	[dʒœʃondan]
gekookt (~ water)	ҷӯшомада	[dʒœʃomada]
afkoelen (koeler maken)	хунук кардан	[xunuk kardan]
afkoelen (koeler worden)	хунук шудан	[xunuk ʃudan]
smaak (de)	маза, таъм	[maza], [ta'm]
nasmaak (de)	таъм	[ta'm]
volgen een dieet	хароб шудан	[xarob ʃudan]
dieet (het)	диета	[dieta]
vitamine (de)	витамин	[vitamin]
calorie (de)	калория	[kalorija]
vegetariër (de)	гӯштнахӯранда	[gœʃtnaxœranda]
vegetarisch (bn)	беғӯшт	[begœʃt]
vetten (mv.)	равған	[ravʁan]
eiwitten (mv.)	сафедахо	[safedaho]
koolhydraten (mv.)	карбогидратхо	[karbogidratho]
snede (de)	тилим, порча	[tilim], [portʃa]
stuk (bijv. een ~ taart)	порча	[portʃa]
kruimel (de)	резгӣ	[rezgi:]

43. Tafelschikking

lepel (de)	қошуқ	[qoʃuq]
mes (het)	корд	[kord]
vork (de)	чангча, чангол	[tʃangtʃa], [tʃangol]
kopje (het)	косача	[kosatʃa]
bord (het)	тақсимча	[taqsimtʃa]
schoteltje (het)	тақсимӣ, тақсимича	[tɑqsimi:], [taqsimitʃa]
servet (het)	салфетка	[salfetka]
tandenstoker (de)	дандонковак	[dandonkovak]

44. Restaurant

restaurant (het)	тарабхона	[tarabxona]
koffiehuis (het)	қаҳвахона	[qahvaxona]
bar (de)	бар	[bar]
tearoom (de)	чойхона	[tʃojxona]
kelner, ober (de)	пешхизмат	[peʃxizmat]
serveerster (de)	пешхизмат	[peʃxizmat]
barman (de)	бармен	[barmen]
menu (het)	меню	[menju]
wijnkaart (de)	рӯйхати шаробҳо	[rœjχati ʃarobho]
een tafel reserveren	банд кардани миз	[band kardani miz]
gerecht (het)	таом	[taom]
bestellen (eten ~)	супориш додан	[suporiʃ dodan]
een bestelling maken	фармоиш додан	[farmoiʃ dodan]
aperitief (de/het)	аперитив	[aperitiv]
voorgerecht (het)	хӯриш, газак	[xœriʃ], [gazak]
dessert (het)	десерт	[desert]
rekening (de)	ҳисоб	[hisob]
de rekening betalen	пардохт кардан	[pardoχt kardan]
wisselgeld teruggeven	бақия додан	[baqija dodan]
fooi (de)	чойпулӣ	[tʃojpŭli:]

Familie, verwanten en vrienden

45. Persoonlijke informatie. Formulieren

naam (de)	ном	[nom]
achternaam (de)	фамилия	[familija]
geboortedatum (de)	рӯзи таваллуд	[rɵzi tavallud]
geboorteplaats (de)	ҷойи таваллуд	[dʒoji tavallud]
nationaliteit (de)	миллият	[millijat]
woonplaats (de)	ҷои истиқомат	[dʒoi istiqomat]
land (het)	кишвар	[kiʃvar]
beroep (het)	касб	[kasb]
geslacht	ҷинс	[dʒins]
(ov. het vrouwelijk ~)		
lengte (de)	қад	[qad]
gewicht (het)	вазн	[vazn]

46. Familieleden. Verwanten

moeder (de)	модар	[modar]
vader (de)	падар	[padar]
zoon (de)	писар	[pisar]
dochter (de)	духтар	[duxtar]
jongste dochter (de)	духтари хурдӣ	[duxtari xurdi:]
jongste zoon (de)	писари хурдӣ	[pisari xurdi:]
oudste dochter (de)	духтари калонӣ	[duxtari kaloni:]
oudste zoon (de)	писари калонӣ	[pisari kaloni:]
broer (de)	бародар	[barodar]
oudere broer (de)	ака	[aka]
jongere broer (de)	додар	[dodar]
zuster (de)	хоҳар	[xohar]
oudere zuster (de)	апа	[apa]
jongere zuster (de)	хоҳари хурд	[xohari xurd]
neef (zoon van oom, tante)	амакписар	[amakpisar]
	(ама-, тағо-, хола-)	([ama], [taʁo], [xola])
nicht (dochter van oom,	амакдухтар	[amakduxtar]
tante)	(ама-, тағо-, хола-)	([ama], [taʁo], [xola])
mama (de)	модар, оча	[modar], [otʃa]
papa (de)	дада	[dada]
ouders (mv.)	волидайн	[volidajn]
kind (het)	кӯдак	[kɵdak]
kinderen (mv.)	бачагон, кӯдакон	[batʃagon], [kɵdakon]

oma (de)	модаркалон, онакалон	[modarkalon], [onakalon]
opa (de)	бобо	[bobo]
kleinzoon (de)	набера	[nabera]
kleindochter (de)	набера	[nabera]
kleinkinderen (mv.)	набераҳо	[naberaho]
oom (de)	тағо, амак	[taʁo], [amak]
tante (de)	хола, амма	[xola], [amma]
neef (zoon van broer, zus)	ҷиян	[dʒijan]
nicht (dochter van broer ,zus)	ҷиян	[dʒijan]
schoonmoeder (de)	модарарӯс	[modararœs]
schoonvader (de)	падаршӯй	[padarʃœj]
schoonzoon (de)	почо, язна	[potʃo], [jazna]
stiefmoeder (de)	модарандар	[modarandar]
stiefvader (de)	падарандар	[padarandar]
zuigeling (de)	бачаи ширмак	[batʃai ʃirmak]
wiegenkind (het)	кӯдаки ширмак	[kœdaki ʃirmak]
kleuter (de)	писарча, кӯдак	[pisartʃa], [kœdak]
vrouw (de)	зан	[zan]
man (de)	шавҳар, шӯй	[ʃavhar], [ʃœj]
echtgenoot (de)	завҷ	[zavdʒ]
echtgenote (de)	завҷа	[zavdʒa]
gehuwd (mann.)	зандор	[zandor]
gehuwd (vrouw.)	шавҳардор	[ʃavhardor]
ongehuwd (mann.)	безан	[bezan]
vrijgezel (de)	безан	[bezan]
gescheiden (bn)	чудошудагӣ	[dʒudoʃudagi:]
weduwe (de)	бева, бевазан	[beva], [bevazan]
weduwnaar (de)	бева, занмурда	[beva], [zanmurda]
familielid (het)	хеш	[xeʃ]
dichte familielid (het)	хеши наздик	[xeʃi nazdik]
verre familielid (het)	хеши дур	[xeʃi dur]
familieleden (mv.)	хешу табор	[xeʃu tabor]
wees (weesjongen)	ятимбача	[jatimbatʃa]
wees (weesmeisje)	ятимдухтар	[jatimduxtar]
voogd (de)	васӣ	[vasi:]
adopteren (een jongen te ~)	писар хондан	[pisar xondan]
adopteren (een meisje te ~)	духтархонд кардан	[duxtarxond kardan]

Geneeskunde

47. Ziekten

ziekte (de)	касалӣ, беморӣ	[kasali:], [bemori:]
ziek zijn (ww)	бемор будан	[bemor budan]
gezondheid (de)	тандурустӣ, саломатӣ	[tandurusti:], [salomati:]
snotneus (de)	зуком	[zukom]
angina (de)	દарди гулӯ	[dardi gulœ]
verkoudheid (de)	шамол хӯрдани	[ʃamol xœrdani]
verkouden raken (ww)	шамол хӯрдан	[ʃamol xœrdan]
bronchitis (de)	бронхит	[bronχit]
longontsteking (de)	варами шуш	[varami ʃuʃ]
griep (de)	грипп	[gripp]
bijziend (bn)	наздикбин	[nazdikbin]
verziend (bn)	дурбин	[durbin]
scheelheid (de)	олусӣ	[olusi:]
scheel (bn)	олус	[olus]
grauwe staar (de)	катаракта	[katarakta]
glaucoom (het)	глаукома	[glaukoma]
beroerte (de)	сактаи майна	[saktai majna]
hartinfarct (het)	инфаркт, сактаи дил	[infarkt], [saktai dil]
myocardiaal infarct (het)	инфаркти миокард	[infarkti miokard]
verlamming (de)	фалаҷ	[faladʒ]
verlammen (ww)	фалаҷ шудан	[faladʒ ʃudan]
allergie (de)	аллергия	[allergija]
astma (de/het)	астма, зиққи нафас	[astma], [ziqqi nafas]
diabetes (de)	диабет	[diabet]
tandpijn (de)	дарди дандон	[dardi dandon]
tandbederf (het)	кариес	[karies]
diarree (de)	шикамрав	[ʃikamrav]
constipatie (de)	қабзият	[qabzijat]
maagstoornis (de)	вайроншавии меъда	[vajronʃavi:i me'da]
voedselvergiftiging (de)	заҳролудшавӣ	[zahroludʃavi:]
voedselvergiftiging oplopen	заҳролуд шудан	[zahrolud ʃudan]
artritis (de)	артрит	[artrit]
rachitis (de)	рахит, чиллаашӯр	[raχit], [tʃillaaʃœr]
reuma (het)	тарбод	[tarbod]
arteriosclerose (de)	атеросклероз	[ateroskleroz]
gastritis (de)	гастрит	[gastrit]
blindedarmontsteking (de)	варами кӯррӯда	[varami kœrrœda]

galblaasontsteking (de)	холетсистит	[χoletsistit]
zweer (de)	захм	[zaχm]
mazelen (mv.)	сурхча, сурхак	[surχtʃa], [surχak]
rodehond (de)	сурхакон	[surχakon]
geelzucht (de)	зардча, заъфарма	[zardtʃa], [zaʻfarma]
leverontsteking (de)	гепатит, қубод	[gepatit], [qubod]
schizofrenie (de)	маҷзубият	[madʒzubijat]
dolheid (de)	ҳорӣ	[hori:]
neurose (de)	невроз, чунун	[nevroz], [tʃunun]
hersenschudding (de)	зарб хӯрдани майна	[zarb χœrdani majna]
kanker (de)	саратон	[saraton]
sclerose (de)	склероз	[skleroz]
multiple sclerose (de)	склерози густаришёфта	[sklerozi gustariʃʃofta]
alcoholisme (het)	майзадагӣ	[majzadagi:]
alcoholicus (de)	майзада	[majzada]
syfilis (de)	оташак	[otaʃak]
AIDS (de)	СПИД	[spid]
tumor (de)	варам	[varam]
kwaadaardig (bn)	ганда	[ganda]
goedaardig (bn)	безарар	[bezarar]
koorts (de)	табларза, варача	[tablarza], [varadʒa]
malaria (de)	варача	[varadʒa]
gangreen (het)	гангрена	[gangrena]
zeeziekte (de)	касалии баҳр	[kasali:i bahr]
epilepsie (de)	саръ	[sar']
epidemie (de)	эпидемия	[εpidemija]
tyfus (de)	арақа, домана	[araqa], [domana]
tuberculose (de)	сил	[sil]
cholera (de)	вабо	[vabo]
pest (de)	тоун	[toun]

48. Symptomen. Behandelingen. Deel 1

symptoom (het)	аломат	[alomat]
temperatuur (de)	ҳарорат, таб	[harorat], [tab]
verhoogde temperatuur (de)	ҳарорати баланд	[harorati baland]
polsslag (de)	набз	[nabz]
duizeling (de)	саргардӣ	[sargardi:]
heet (erg warm)	гарм	[garm]
koude rillingen (mv.)	ларза, варача	[larza], [varadʒa]
bleek (bn)	рангпарида	[rangparida]
hoest (de)	сулфа	[sulfa]
hoesten (ww)	сулфидан	[sulfidan]
niezen (ww)	атса задан	[atsa zadan]
flauwte (de)	беҳушӣ	[behuʃi:]

flauwvallen (ww)	беҳуш шудан	[behuʃ ʃudan]
blauwe plek (de)	доғи кабуд, кабудӣ	[doʁi kabud], [kabudi:]
buil (de)	ғуррӣ	[ʁurri:]
zich stoten (ww)	зада шудан	[zada ʃudan]
kneuzing (de)	лат	[lat]
kneuzen (gekneusd zijn)	лату кӯб хӯрдан	[latu kœb xœrdan]
hinken (ww)	лангидан	[langidan]
verstuiking (de)	баромадан	[baromadan]
verstuiken (enkel, enz.)	баровардан	[barovardan]
breuk (de)	шикасти устухон	[ʃikasti ustuxon]
een breuk oplopen	устухон шикастан	[ustuxon ʃikastan]
snijwond (de)	буриш	[buriʃ]
zich snijden (ww)	буридан	[buridan]
bloeding (de)	хунравӣ	[xunravi:]
brandwond (de)	сӯхта	[sœxta]
zich branden (ww)	сӯзондан	[sœzondan]
prikken (ww)	халондан	[xalondan]
zich prikken (ww)	халидан	[xalidan]
blesseren (ww)	осеб дидан	[oseb didan]
blessure (letsel)	захм	[zaxm]
wond (de)	захм, реш	[zaxm], [reʃ]
trauma (het)	захм	[zaxm]
IJlen (ww)	алой гуфтан	[aloi: guftan]
stotteren (ww)	тутила шудан	[tutila ʃudan]
zonnesteek (de)	офтобзанӣ	[oftobzani:]

49. Symptomen. Behandelingen. Deel 2

pijn (de)	дард	[dard]
splinter (de)	хор, зиреба	[xor], [zireba]
zweet (het)	арақ	[araq]
zweten (ww)	арақ кардан	[araq kardan]
braking (de)	қайкунӣ	[qajkuni:]
stuiptrekkingen (mv.)	рагкашӣ	[ragkaʃi:]
zwanger (bn)	ҳомила	[homila]
geboren worden (ww)	таваллуд шудан	[tavallud ʃudan]
geboorte (de)	зоиш	[zoiʃ]
baren (ww)	зоидан	[zoidan]
abortus (de)	аборт, бачапартой	[abort], [batʃapartoi:]
inademing (de)	нафасгирӣ	[nafasgiri:]
uitademing (de)	нафасбарорӣ	[nafasbarori:]
uitademen (ww)	нафас баровардаи	[nafas barovardai]
inademen (ww)	нафас кашидан	[nafas kaʃidan]
invalide (de)	инвалид	[invalid]
gehandicapte (de)	маъюб	[ma'jub]

drugsverslaafde (de)	нашъаманд	[naʃamand]
doof (bn)	кар, гӯшкар	[kar], [gœʃkar]
stom (bn)	гунг	[gung]
doofstom (bn)	кару гунг	[karu gung]
krankzinnig (bn)	девона	[devona]
krankzinnige (man)	девона	[devona]
krankzinnige (vrouw)	девона	[devona]
krankzinnig worden	аз ақл бегона шудан	[az aql begona ʃudan]
gen (het)	ген	[gen]
immuniteit (de)	сироятнопазирӣ	[sirojatnopaziri:]
erfelijk (bn)	меросӣ, ирсӣ	[merosi:], [irsi:]
aangeboren (bn)	модарзод	[modarzod]
virus (het)	вирус	[virus]
microbe (de)	микроб	[mikrob]
bacterie (de)	бактерия	[bakterija]
infectie (de)	сироят	[sirojat]

50. Symptomen. Behandelingen. Deel 3

ziekenhuis (het)	касалхона	[kasalxona]
patiënt (de)	бемор	[bemor]
diagnose (de)	ташхиси касалӣ	[taʃxisi kasali:]
genezing (de)	муолиҷа	[muolidʒa]
medische behandeling (de)	табобат	[tabobat]
onder behandeling zijn	табобат гирифтан	[tabobat giriftan]
behandelen (ww)	табобат кардан	[tabobat kardan]
zorgen (zieken ~)	нигоҳубин кардан	[nigohubin kardan]
ziekenzorg (de)	нигоҳубин	[nigohubin]
operatie (de)	ҷарроҳи	[dʒarrohi]
verbinden (een arm ~)	бо бандина бастан	[bo bandina bastan]
verband (het)	ҷароҳатбандӣ	[dʒarohatbandi:]
vaccin (het)	доругузаронӣ	[doruguzaroni:]
inenten (vaccineren)	эмгузаронӣ кардан	[ɛmguzaroni: kardan]
injectie (de)	сӯзанзанӣ	[sœzanzani:]
een injectie geven	сӯзандору кардан	[sœzandoru kardan]
aanval (de)	хуруҷ	[xurudʒ]
amputatie (de)	ампутатсия	[amputatsija]
amputeren (ww)	ампутатсия кардан	[amputatsija kardan]
coma (het)	кома, игмо	[koma], [igmo]
in coma liggen	дар кома будан	[dar koma budan]
intensieve zorg, ICU (de)	шӯъбаи эҳё	[ʃœ'bai ɛhjo]
zich herstellen (ww)	сихат шудан	[sihat ʃudan]
toestand (de)	аҳвол	[ahvol]
bewustzijn (het)	ҳуш	[huʃ]
geheugen (het)	ҳофиза	[hofiza]
trekken (een kies ~)	кандан	[kandan]

vulling (de)	пломба	[plomba]
vullen (ww)	пломба занондан	[plomba zanondan]
hypnose (de)	гипноз	[gipnoz]
hypnotiseren (ww)	гипноз кардан	[gipnoz kardan]

51. Artsen

dokter, arts (de)	духтур	[duχtur]
ziekenzuster (de)	ҳамшираи тиббӣ	[hamʃirai tibbi:]
lijfarts (de)	духтури шахсӣ	[duχturi ʃaχsi:]
tandarts (de)	духтури дандон	[duχturi dandon]
oogarts (de)	духтури чашм	[duχturi tʃaʃm]
therapeut (de)	терапевт	[terapevt]
chirurg (de)	ҷарроҳ	[dʒarroh]
psychiater (de)	равонпизишк	[ravonpiziʃk]
pediater (de)	духтури касалиҳои кӯдакона	[duχturi kasalihoi kœdakona]
psycholoog (de)	равоншинос	[ravonʃinos]
gynaecoloog (de)	гинеколог	[ginekolog]
cardioloog (de)	кардиолог	[kardiolog]

52. Geneeskunde. Medicijnen. Accessoires

geneesmiddel (het)	дору	[doru]
middel (het)	дору	[doru]
voorschrijven (ww)	таъйин кардан	[ta'jin kardan]
recept (het)	нусхаи даво	[nusχai davo]
tablet (de/het)	ҳаб	[hab]
zalf (de)	марҳам	[marham]
ampul (de)	ампул	[ampul]
drank (de)	доруи обакӣ	[dorui obaki:]
siroop (de)	сироп	[sirop]
pil (de)	ҳаб	[hab]
poeder (de/het)	хока	[χoka]
verband (het)	дока	[doka]
watten (mv.)	пахта	[paχta]
jodium (het)	йод	[jɔd]
pleister (de)	лейкопластир	[lejkoplastir]
pipet (de)	қатрачакон	[qatratʃakon]
thermometer (de)	ҳароратсанҷ	[haroratsandʒ]
spuit (de)	обдуздак	[obduzdak]
rolstoel (de)	аробачаи маъюбӣ	[arobatʃai ma'jubi:]
krukken (mv.)	бағаласо	[baʁalaso]
pijnstiller (de)	доруи дард	[dorui dard]
laxeermiddel (het)	мусҳил	[mushil]

spiritus (de)	спирт	[spirt]
medicinale kruiden (mv.)	**растанихои доруги**	[rastanihoi dorugi:]
kruiden- (abn)	**... и алаф**	[i alaf]

HET MENSELIJKE LEEFGEBIED

Stad

53. Stad. Het leven in de stad

stad (de)	шаҳр	[ʃahr]
hoofdstad (de)	пойтахт	[pojtaxt]
dorp (het)	деҳа, деҳ	[deha], [deh]
plattegrond (de)	нақшаи шаҳр	[naqʃai ʃahr]
centrum (ov. een stad)	маркази шаҳр	[markazi ʃahr]
voorstad (de)	шаҳрча	[ʃahrtʃa]
voorstads- (abn)	наздишаҳрӣ	[nazdiʃahri:]
randgemeente (de)	атроф, канор	[atrof], [kanor]
omgeving (de)	атрофи шаҳр	[atrofi ʃahr]
blok (huizenblok)	квартал, маҳалла	[kvartal], [mahalla]
woonwijk (de)	маҳаллаи истиқоматӣ	[mahallai istiqomati:]
verkeer (het)	ҳаракат дар кӯча	[harakat dar kœtʃa]
verkeerslicht (het)	чароғи раҳнамо	[tʃaroʁi rahnamo]
openbaar vervoer (het)	нақлиёти шаҳрӣ	[naqlijoti ʃahri:]
kruispunt (het)	чорраҳа	[tʃorraha]
zebrapad (oversteekplaats)	гузаргоҳи пиёдагардон	[guzargohi pijɔdagardon]
onderdoorgang (de)	гузаргоҳи зеризаминӣ	[guzargohi zerizamini:]
oversteken (de straat ~)	гузаштан	[guzaʃtan]
voetganger (de)	пиёдагард	[pijɔdagard]
trottoir (het)	пиёдараҳа	[pijɔdaraha]
brug (de)	пул, кӯпрук	[pul], [kœpruk]
dijk (de)	соҳил	[sohil]
fontein (de)	фаввора	[favvora]
allee (de)	кӯчабоғ	[kœtʃaboʁ]
park (het)	боғ	[boʁ]
boulevard (de)	кӯчабоғ, гулгашт	[kœtʃaboʁ], [gulgaʃt]
plein (het)	майдон	[majdon]
laan (de)	хиёбон	[xijɔbon]
straat (de)	кӯча	[kœtʃa]
zijstraat (de)	тангкӯча	[tangkœtʃa]
doodlopende straat (de)	кӯчаи бумбаста	[kœtʃai bumbasta]
huis (het)	хона	[xona]
gebouw (het)	бино	[bino]
wolkenkrabber (de)	иморати осмонхарош	[imorati osmonxaroʃ]
gevel (de)	намо	[namo]
dak (het)	бом	[bom]

venster (het)	тиреза	[tireza]
boog (de)	равоқ, тоқ	[ravoq], [toq]
pilaar (de)	сутун	[sutun]
hoek (ov. een gebouw)	бурчак	[burtʃak]

vitrine (de)	витрина	[vitrina]
gevelreclame (de)	лавҳа	[lavha]
affiche (de/het)	эълоннома	[ɛ'lonnoma]
reclameposter (de)	плакати реклама	[plakati reklama]
aanplakbord (het)	лавҳаи эълонҳо	[lavhai ɛ'lonho]

vuilnis (de/het)	ахлот, хокрӯба	[aχlot], [χokrœba]
vuilnisbak (de)	ахлотқуттӣ	[aχlotqutti:]
afval weggooien (ww)	ифлос кардан	[iflos kardan]
stortplaats (de)	партовгоҳ	[partovgoh]

telefooncel (de)	будкаи телефон	[budkai telefon]
straatlicht (het)	сутуни фонус	[sutuni fonus]
bank (de)	нимкат	[nimkat]

politieagent (de)	полис	[polis]
politie (de)	полис	[polis]
zwerver (de)	гадо	[gado]
dakloze (de)	бехона	[beχona]

54. Stedelijke instellingen

winkel (de)	магазин	[magazin]
apotheek (de)	дорухона	[doruχona]
optiek (de)	оптика	[optika]
winkelcentrum (het)	маркази савдо	[markazi savdo]
supermarkt (de)	супермаркет	[supermarket]

bakkerij (de)	дӯкони нонфурӯшӣ	[dœkoni nonfurœʃi:]
bakker (de)	нонвой	[nonvoj]
banketbakkerij (de)	қаннодӣ	[qannodi:]
kruidenier (de)	дӯкони баққолӣ	[dœkoni baqqoli:]
slagerij (de)	дӯкони гӯштфурӯшӣ	[dœkoni gœʃtfurœʃi:]

groentewinkel (de)	дӯкони сабзавот	[dœkoni sabzavot]
markt (de)	бозор	[bozor]

koffiehuis (het)	қаҳвахона	[qahvaχona]
restaurant (het)	тарабхона	[tarabχona]
bar (de)	пивохона	[pivoχona]
pizzeria (de)	питсерия	[pitserija]

kapperssalon (de/het)	сартарошхона	[sartaroʃχona]
postkantoor (het)	пӯшта	[pœʃta]
stomerij (de)	козургарии химиявӣ	[kozurgari:i χimijavi:]

fotostudio (de)	суратгирхона	[suratgirχona]
schoenwinkel (de)	магазини пойафзолфурӯшӣ	[magazini pojafzolfurœʃi:]

boekhandel (de)	магозаи китоб	[maʁozai kitob]
sportwinkel (de)	магозаи варзишӣ	[maʁozai varziʃi:]
kledingreparatie (de)	таъмири либос	[ta'miri libos]
kledingverhuur (de)	кирояи либос	[kirojai libos]
videotheek (de)	кирояи филмҳо	[kirojai filmho]
circus (de/het)	сирк	[sirk]
dierentuin (de)	боғи ҳайвонот	[boʁi hajvonot]
bioscoop (de)	кинотеатр	[kinoteatr]
museum (het)	осорхона	[osorχona]
bibliotheek (de)	китобхона	[kitobχona]
theater (het)	театр	[teatr]
opera (de)	опера	[opera]
nachtclub (de)	клуби шабона	[klubi ʃabona]
casino (het)	казино	[kazino]
moskee (de)	масҷид	[masdʒid]
synagoge (de)	каниса	[kanisa]
kathedraal (de)	собор	[sobor]
tempel (de)	ибодатгоҳ	[ibodatgoh]
kerk (de)	калисо	[kaliso]
instituut (het)	институт	[institut]
universiteit (de)	университет	[universitet]
school (de)	мактаб	[maktab]
gemeentehuis (het)	префектура	[prefektura]
stadhuis (het)	мэрия	[mɛrija]
hotel (het)	меҳмонхона	[mehmonχona]
bank (de)	банк	[bank]
ambassade (de)	сафорат	[saforat]
reisbureau (het)	турагенство	[turagenstvo]
informatieloket (het)	бюрои справкадиҳӣ	[bjuroi spravkadihi:]
wisselkantoor (het)	нуқтаи мубодила	[nuqtai mubodila]
metro (de)	метро	[metro]
ziekenhuis (het)	касалхона	[kasalχona]
benzinestation (het)	нуқтаи фурӯши сӯзишвори	[nuqtai furœʃi sœziʃvori:]
parking (de)	истгоҳи мошинҳо	[istgohi moʃinho]

55. Borden

gevelreclame (de)	лавҳа	[lavha]
opschrift (het)	хат, навиштаҷот	[χat], [naviʃtadʒot]
poster (de)	плакат	[plakat]
wegwijzer (de)	аломат, нишона	[alomat], [niʃona]
pijl (de)	аломати тир	[alomati tir]
waarschuwing (verwittiging)	огоҳӣ	[ogohi:]
waarschuwingsbord (het)	огоҳӣ	[ogohi:]

waarschuwen (ww)	танбеҳ додан	[tanbeh dodan]
vrije dag (de)	рӯзи истироҳат	[rœzi istirohat]
dienstregeling (de)	чадвал	[dʒadval]
openingsuren (mv.)	соати корӣ	[soati kori:]
WELKOM!	ХУШ ОМАДЕД!	[xuʃ omaded]
INGANG	ДАРОМАД	[daromad]
UITGANG	БАРОМАД	[baromad]
DUWEN	АЗ ХУД	[az χud]
TREKKEN	БА ХУД	[ba χud]
OPEN	КУШОДА	[kuʃoda]
GESLOTEN	ПӮШИДА	[pœʃida]
DAMES	БАРОИ ЗАНОН	[baroi zanon]
HEREN	БАРОИ МАРДОН	[baroi mardon]
KORTING	ТАХФИФ	[taχfif]
UITVERKOOP	АРЗОНФУРӮШӢ	[arzonfurœʃi:]
NIEUW!	МОЛИ НАВ!	[moli nav]
GRATIS	БЕПУЛ	[bepul]
PAS OP!	ДИҚҚАТ!	[diqqat]
VOLGEBOEKT	ЧОЙ НЕСТ	[dʒoj nest]
GERESERVEERD	БАНД АСТ	[band ast]
ADMINISTRATIE	МАЪМУРИЯТ	[ma'murijat]
ALLEEN VOOR	ФАҚАТ БАРОИ	[faqat baroi
PERSONEEL	КОРМАНДОН	kormandon]
GEVAARLIJKE HOND	САГИ ГАЗАНДА	[sagi gazanda]
VERBODEN TE ROKEN!	ТАМОКУ НАКАШЕД!	[tamoku nakaʃed]
NIET AANRAKEN!	ДАСТ НАРАСОНЕД!	[dast narasoned]
GEVAARLIJK	ХАТАРНОК	[χatarnok]
GEVAAR	ХАТАР	[χatar]
HOOGSPANNING	ШИДДАТИ БАЛАНД	[ʃiddati baland]
VERBODEN TE ZWEMMEN	ОББОЗӢ КАРДАН МАНЪ АСТ	[obbozi: kardan man' ast]
BUITEN GEBRUIK	КОР НАМЕКУНАД	[kor namekunad]
ONTVLAMBAAR	ОТАШАНГЕЗ	[otaʃangez]
VERBODEN	МАНЪ АСТ	[man' ast]
DOORGANG VERBODEN	ДАРОМАД МАНЪ АСТ	[daromad man' ast]
OPGELET PAS GEVERFD	РАНГ КАРДА ШУДААСТ	[rang karda ʃudaast]

56. Stedelijk vervoer

bus, autobus (de)	автобус	[avtobus]
tram (de)	трамвай	[tramvaj]
trolleybus (de)	троллейбус	[trollejbus]
route (de)	маршрут	[marʃrut]
nummer (busnummer, enz.)	рақам	[raqam]
rijden met …	савор будан	[savor budan]

stappen (in de bus ~)	савор шудан	[savor ʃudan]
afstappen (ww)	фуромадан	[furomadan]
halte (de)	истгоҳ	[istgoh]
volgende halte (de)	истгоҳи дигар	[istgohi digar]
eindpunt (het)	истгоҳи охирон	[istgohi oχiron]
dienstregeling (de)	чадвал	[dʒadval]
wachten (ww)	поидан	[poidan]
kaartje (het)	билет	[bilet]
reiskosten (de)	арзиши чипта	[arziʃi tʃipta]
kassier (de)	кассир	[kassir]
kaartcontrole (de)	назорат	[nazorat]
controleur (de)	нозир	[nozir]
te laat zijn (ww)	дер мондан	[der mondan]
missen (de bus ~)	дер мондан	[der mondan]
zich haasten (ww)	шитоб кардан	[ʃitob kardan]
taxi (de)	такси	[taksi]
taxichauffeur (de)	таксичӣ	[taksitʃi:]
met de taxi (bw)	дар такси	[dar taksi]
taxistandplaats (de)	истгоҳи такси	[istgohi taksi:]
een taxi bestellen	даъват кардани такси	[da'vat kardani taksi:]
een taxi nemen	такси гирифтан	[taksi giriftan]
verkeer (het)	ҳаракат дар кӯча	[harakat dar kœtʃa]
file (de)	пробка	[probka]
spitsuur (het)	час пик	[tʃas pik]
parkeren (on.ww.)	чой кардан	[dʒoj kardan]
parkeren (ov.ww.)	чой кардан	[dʒoj kardan]
parking (de)	истгоҳ	[istgoh]
metro (de)	метро	[metro]
halte (bijv. kleine treinhalte)	истгоҳ	[istgoh]
de metro nemen	бо метро рафтан	[bo metro raftan]
trein (de)	поезд, қатор	[poezd], [qator]
station (treinstation)	вокзал	[vokzal]

57. Bezienswaardigheden

monument (het)	ҳайкал	[hajkal]
vesting (de)	ҳисор	[hisor]
paleis (het)	қаср	[qasr]
kasteel (het)	кӯшк	[kœʃk]
toren (de)	манора, бурҷ	[manora], [burdʒ]
mausoleum (het)	мавзолей, мақбара	[mavzolej], [maqbara]
architectuur (de)	меъморӣ	[me'mori:]
middeleeuws (bn)	асримиёнагӣ	[asrimijɔnagi:]
oud (bn)	қадим	[qadim]
nationaal (bn)	миллӣ	[milli:]
bekend (bn)	маъруф	[ma'ruf]

toerist (de)	саёҳатчӣ	[sajɔhattʃiː]
gids (de)	роҳбалад	[rohbalad]
rondleiding (de)	экскурсия	[ɛkskursija]
tonen (ww)	нишон додан	[niʃon dodan]
vertellen (ww)	нақл кардан	[naql kardan]
vinden (ww)	ёфтан	[jɔftan]
verdwalen (de weg kwijt zijn)	роҳ гум кардан	[roh gum kardan]
plattegrond (~ van de metro)	накша	[nakʃa]
plattegrond (~ van de stad)	нақша	[naqʃa]
souvenir (het)	тӯҳфа	[toehfa]
souvenirwinkel (de)	мағозаи туҳфаҳо	[maʁozai tuhfaho]
een foto maken (ww)	сурат гирифтан	[surat giriftan]
zich laten fotograferen	сурати худро гирондан	[surati χudro girondan]

58. Winkelen

kopen (ww)	харидан	[χaridan]
aankoop (de)	харид	[χarid]
winkelen (ww)	харид кардан	[χarid kardan]
winkelen (het)	шопинг	[ʃoping]
open zijn (ov. een winkel, enz.)	кушода будан	[kuʃoda budan]
gesloten zijn (ww)	маҳкам будан	[mahkam budan]
schoeisel (het)	пойафзол	[pojafzol]
kleren (mv.)	либос	[libos]
cosmetica (de)	косметика	[kosmetika]
voedingswaren (mv.)	озуқаворӣ	[ozuqavoriː]
geschenk (het)	тӯҳфа	[toehfa]
verkoper (de)	фурӯш	[furœʃ]
verkoopster (de)	фурӯш	[furœʃ]
kassa (de)	касса	[kassa]
spiegel (de)	оина	[oina]
toonbank (de)	пешдӯкон	[peʃdœkon]
paskamer (de)	ҷои пӯшида дидани либос	[dʒoi pœʃida didani libos]
aanpassen (ww)	пӯшида дидан	[pœʃida didan]
passen (ov. kleren)	мувофиқ омадан	[muvofiq omadan]
bevallen (prettig vinden)	форидан	[foridan]
prijs (de)	нарх	[narχ]
prijskaartje (het)	нархнома	[narχnoma]
kosten (ww)	арзидан	[arzidan]
Hoeveel?	Чанд пул?	[tʃand pul]
korting (de)	тахфиф	[taχfif]
niet duur (bn)	арзон	[arzon]
goedkoop (bn)	арзон	[arzon]
duur (bn)	қимат	[qimat]

Dat is duur.	Ин қимат аст	[in qimat ast]
verhuur (de)	кироя	[kiroja]
huren (smoking, enz.)	насия гирифтан	[nasija giriftan]
krediet (het)	қарз	[qarz]
op krediet (bw)	кредит гирифтан	[kredit giriftan]

59. Geld

geld (het)	пул	[pul]
ruil (de)	мубодила, иваз	[mubodila], [ivaz]
koers (de)	қурб	[qurb]
geldautomaat (de)	банкомат	[bankomat]
muntstuk (de)	танга	[tanga]
dollar (de)	доллар	[dollar]
lire (de)	лираи италиявӣ	[lirai italijavi:]
Duitse mark (de)	маркаи олмонӣ	[markai olmoni:]
frank (de)	франк	[frank]
pond sterling (het)	фунт стерлинг	[funt sterling]
yen (de)	иена	[iena]
schuld (geldbedrag)	қарз	[qarz]
schuldenaar (de)	қарздор	[qarzdor]
uitlenen (ww)	қарз додан	[qarz dodan]
lenen (geld ~)	қарз гирифтан	[qarz giriftan]
bank (de)	банк	[bank]
bankrekening (de)	ҳисоб	[hisob]
storten (ww)	гузарондан	[guzarondan]
op rekening storten	ба суратҳисоб гузарондан	[ba surathisob guzarondan]
opnemen (ww)	аз суратҳисоб гирифтан	[az surathisob giriftan]
kredietkaart (de)	корти кредитӣ	[korti krediti:]
baar geld (het)	пули нақд, нақдина	[puli naqd], [naqdina]
cheque (de)	чек	[tʃek]
een cheque uitschrijven	чек навиштан	[tʃek naviʃtan]
chequeboekje (het)	дафтарчаи чек	[daftartʃai tʃek]
portefeuille (de)	ҳамён	[hamjon]
geldbeugel (de)	ҳамён	[hamjon]
safe (de)	сейф	[sejf]
erfgenaam (de)	меросхӯр	[merosxœr]
erfenis (de)	мерос	[meros]
fortuin (het)	дорой	[doroi:]
huur (de)	иҷора	[idʒora]
huurprijs (de)	ҳаққи манзил	[haqqi manzil]
huren (huis, kamer)	ба иҷора гирифтан	[ba idʒora giriftan]
prijs (de)	нарх	[narx]
kostprijs (de)	арзиш	[arziʃ]
som (de)	маблағ	[mablaʁ]
uitgeven (geld besteden)	сарф кардан	[sarf kardan]

kosten (mv.)	харҷ, ҳазина	[xardʒ], [hazina]
bezuinigen (ww)	сарфа кардан	[sarfa kardan]
zuinig (bn)	сарфакор	[sarfakor]
betalen (ww)	пул додан	[pul dodan]
betaling (de)	пардохт	[pardoxt]
wisselgeld (het)	бақияи пул	[baqijai pul]
belasting (de)	налог, андоз	[nalog], [andoz]
boete (de)	ҷарима	[dʒarima]
beboeten (bekeuren)	ҷарима андохтан	[dʒarima andoxtan]

60. Post. Postkantoor

postkantoor (het)	почта	[potʃta]
post (de)	почта	[potʃta]
postbode (de)	хаткашон	[xatkaʃon]
openingsuren (mv.)	соати корӣ	[soati kori:]
brief (de)	мактуб	[maktub]
aangetekende brief (de)	хати супоришӣ	[xati suporiʃi:]
briefkaart (de)	рукъа	[ruq'a]
telegram (het)	барқия	[barqija]
postpakket (het)	равонак	[ravonak]
overschrijving (de)	пули фиристодашуда	[puli firistodaʃuda]
ontvangen (ww)	гирифтан	[giriftan]
sturen (zenden)	ирсол кардан	[irsol kardan]
verzending (de)	ирсол	[irsol]
adres (het)	адрес, унвон	[adres], [unvon]
postcode (de)	индекси почта	[indeksi potʃta]
verzender (de)	ирсолкунанда	[irsolkunanda]
ontvanger (de)	гиранда	[giranda]
naam (de)	ном	[nom]
achternaam (de)	фамилия	[familija]
tarief (het)	таърифа	[ta'rifa]
standaard (bn)	муқаррарӣ	[muqarrari:]
zuinig (bn)	камхарҷ	[kamxardʒ]
gewicht (het)	вазн	[vazn]
afwegen (op de weegschaal)	баркашидан	[barkaʃidan]
envelop (de)	конверт	[konvert]
postzegel (de)	марка	[marka]
een postzegel plakken op	марка часпонидан	[marka tʃasponidan]

Woning. Huis. Thuis

61. Huis. Elektriciteit

elektriciteit (de)	барқ	[barq]
lamp (de)	лампача, чароғча	[lampatʃa], [tʃaroʁtʃa]
schakelaar (de)	калидак	[kalidak]
zekering (de)	пробка	[probka]
draad (de)	сим	[sim]
bedrading (de)	сими барқ	[simi barq]
elektriciteitsmeter (de)	хисобкунаки электрикӣ	[xisobkunaki ɛlektriki:]
gegevens (mv.)	нишондод	[niʃondod]

62. Villa. Herenhuis

landhuisje (het)	хонаи берун аз шаҳр	[xonai berun az ʃahr]
villa (de)	кӯшк, чорбоғ	[kœʃk], [tʃorboʁ]
vleugel (de)	қанот	[qanot]
tuin (de)	боғ	[boʁ]
park (het)	боғ	[boʁ]
oranjerie (de)	гулхона	[gulxona]
onderhouden (tuin, enz.)	нигоҳубин кардан	[nigohubin kardan]
zwembad (het)	ҳавз	[havz]
gym (het)	толори варзишӣ	[tolori varziʃi:]
tennisveld (het)	майдони теннис	[majdoni tennis]
bioscoopkamer (de)	кинотеатр	[kinoteatr]
garage (de)	гараж	[garaʒ]
privé-eigendom (het)	мулки хусусӣ	[mulki xususi:]
eigen terrein (het)	моликияти хусусӣ	[molikijati xususi:]
waarschuwing (de)	огоҳӣ	[ogohi:]
waarschuwingsbord (het)	хати огоҳӣ	[xati ogohi:]
bewaking (de)	посбонӣ	[posboni:]
bewaker (de)	посбон	[posbon]
inbraakalarm (het)	сигналдиҳӣ	[signaldihi:]

63. Appartement

appartement (het)	манзил	[manzil]
kamer (de)	хона, ӯтоқ	[xona], [œtoq]
slaapkamer (de)	хонаи хоб	[xonai xob]

eetkamer (de)	хонаи хӯрокхӯрӣ	[χonai χœrokχœri:]
salon (de)	меҳмонхона	[mehmonχona]
studeerkamer (de)	утоқ	[utoq]

gang (de)	мадхал, даҳлез	[madχal], [dahlez]
badkamer (de)	ваннахона	[vannaχona]
toilet (het)	хоҷатхона	[hodʒatχona]

plafond (het)	шифт	[ʃift]
vloer (de)	фарш	[farʃ]
hoek (de)	кунҷ	[kundʒ]

64. Meubels. Interieur

meubels (mv.)	мебел	[mebel]
tafel (de)	миз	[miz]
stoel (de)	курсӣ	[kursi:]
bed (het)	кат	[kat]

| bankstel (het) | диван | [divan] |
| fauteuil (de) | курсӣ | [kursi:] |

| boekenkast (de) | ҷевони китобмонӣ | [dʒevoni kitobmoni:] |
| boekenrek (het) | раф, рафча | [raf], [raftʃa] |

kledingkast (de)	ҷевони либос	[dʒevoni libos]
kapstok (de)	либосовезак	[libosovezak]
staande kapstok (de)	либосовезак	[libosovezak]

| commode (de) | ҷевон | [dʒevon] |
| salontafeltje (het) | мизи қаҳва | [mizi qahva] |

spiegel (de)	оина	[oina]
tapijt (het)	гилем, қолин	[gilem], [qolin]
tapijtje (het)	гилемча	[gilemtʃa]

haard (de)	оташдон	[otaʃdon]
kaars (de)	шамъ	[ʃam']
kandelaar (de)	шамъдон	[ʃam'don]

gordijnen (mv.)	парда	[parda]
behang (het)	зардеворӣ	[zardevori:]
jaloezie (de)	жалюзи	[ʒaljuzi]

| bureaulamp (de) | чароғи мизӣ | [tʃaroʁi mizi:] |
| wandlamp (de) | чароғак | [tʃaroʁak] |

| staande lamp (de) | торшер | [torʃer] |
| luchter (de) | қандил | [qandil] |

poot (ov. een tafel, enz.)	поя	[poja]
armleuning (de)	оринҷмонаки курсӣ	[orindʒmonaki kursi:]
rugleuning (de)	пуштаки курсӣ	[puʃtaki kursi:]
la (de)	ғаладон	[ʁaladon]

65. Beddengoed

beddengoed (het)	чилдҳои болишту бистар	[dʒildhoi boliʃtu bistar]
kussen (het)	болишт	[boliʃt]
kussenovertrek (de)	чилди болишт	[dʒildi boliʃt]
deken (de)	кӯрпа	[kœrpa]
laken (het)	чойпӯш	[dʒojpœʃ]
sprei (de)	болопӯш	[bolopœʃ]

66. Keuken

keuken (de)	ошхона	[oʃχona]
gas (het)	газ	[gaz]
gasfornuis (het)	плитаи газ	[plitai gaz]
elektrisch fornuis (het)	плитаи электрикӣ	[plitai ɛlektriki:]
magnetronoven (de)	микроволновка	[mikrovolnovka]
koelkast (de)	яхдон	[jaχdon]
diepvriezer (de)	яхдон	[jaχdon]
vaatwasmachine (de)	мошини зарфшӯй	[moʃini zarfʃœj]
vleesmolen (de)	мошини гӯшткӯбӣ	[moʃini gœʃtkœbi:]
vruchtenpers (de)	шарбатафшурак	[ʃarbataffʃurak]
toaster (de)	тостер	[toster]
mixer (de)	миксер	[mikser]
koffiemachine (de)	қаҳвачӯшонак	[qahvadʒœʃonak]
koffiepot (de)	зарфи қаҳвачӯшонӣ	[zarfi qahvadʒœʃoni:]
koffiemolen (de)	дастоси қаҳва	[dastosi qahva]
fluitketel (de)	чойник	[tʃojnik]
theepot (de)	чойник	[tʃojnik]
deksel (de/het)	сарпӯш	[sarpœʃ]
theezeefje (het)	ғалберча	[ʁalbertʃa]
lepel (de)	қошуқ	[qoʃuq]
theelepeltje (de)	чойкошук	[tʃojkoʃuk]
eetlepel (de)	қошуқи ошхӯрӣ	[qoʃuqi oʃχœri:]
vork (de)	чангча, чангол	[tʃangtʃa], [tʃangol]
mes (het)	корд	[kord]
vaatwerk (het)	табақ	[tabaq]
bord (het)	тақсимча	[taqsimtʃa]
schoteltje (het)	тақсимӣ, тақсимича	[taqsimi:], [taqsimitʃa]
likeurglas (het)	рюмка	[rjumka]
glas (het)	стакан	[stakan]
kopje (het)	косача	[kosatʃa]
suikerpot (de)	шакардон	[ʃakardon]
zoutvat (het)	намакдон	[namakdon]
pepervat (het)	қаламфурдон	[qalamfurdon]
boterschaaltje (het)	равғандон	[ravʁandon]

steelpan (de)	дегча	[degtʃa]
bakpan (de)	тоба	[toba]
pollepel (de)	кафлез, обгардон, сархумӣ	[kaflez], [obgardon], [sarχumi:]
dienblad (het)	лаълӣ	[laʼli:]
fles (de)	шиша, сурохӣ	[ʃiʃa], [surohi:]
glazen pot (de)	банкаи шишагӣ	[bankai ʃiʃagi:]
blik (conserven~)	банкаи тунукагӣ	[bankai tunukagi:]
flesopener (de)	саркушояк	[sarkuʃojak]
blikopener (de)	саркушояк	[sarkuʃojak]
kurkentrekker (de)	пӯккашак	[pœkkaʃak]
filter (de/het)	филтр	[filtr]
filteren (ww)	полоидан	[poloidan]
huisvuil (het)	ахлот	[aχlot]
vuilnisemmer (de)	сатили ахлот	[satili aχlot]

67. Badkamer

badkamer (de)	ваннахона	[vannaχona]
water (het)	об	[ob]
kraan (de)	чуммак, мил	[dʒummak], [mil]
warm water (het)	оби гарм	[obi garm]
koud water (het)	оби сард	[obi sard]
tandpasta (de)	хамираи дандон	[χamirai dandon]
tanden poetsen (ww)	дандон шустан	[dandon ʃustan]
tandenborstel (de)	чӯткаи дандоншӯй	[tʃœtkai dandonʃœi:]
zich scheren (ww)	риш гирифтан	[riʃ giriftan]
scheercrème (de)	кафки ришгирӣ	[kafki riʃgiri:]
scheermes (het)	ришгирак	[riʃgirak]
wassen (ww)	шустан	[ʃustan]
een bad nemen	шустушӯ кардан	[ʃustuʃœ kardan]
een douche nemen	ба душ даромадан	[ba duʃ daromadan]
bad (het)	ванна	[vanna]
toiletpot (de)	нишастгохи халочо	[niʃastgohi χalodʒo]
wastafel (de)	дастшӯяк	[dastʃœjak]
zeep (de)	собун	[sobun]
zeepbakje (het)	собундон	[sobundon]
spons (de)	исфанч	[isfandʒ]
shampoo (de)	шампун	[ʃampun]
handdoek (de)	сачоқ	[satʃoq]
badjas (de)	халат	[χalat]
was (bijv. handwas)	чомашӯй	[dʒomaʃœi:]
wasmachine (de)	мошини чомашӯй	[moʃini dʒomaʃœi:]
de was doen	чомашӯй кардан	[dʒomaʃœi: kardan]
waspoeder (de)	хокаи чомашӯй	[χokai dʒomaʃœi:]

68. Huishoudelijke apparaten

televisie (de)	телевизор	[televizor]
cassettespeler (de)	магнитафон	[magnitafon]
videorecorder (de)	видеомагнитафон	[videomagnitafon]
radio (de)	радио	[radio]
speler (de)	плеер	[pleer]
videoprojector (de)	видеопроектор	[videoproektor]
home theater systeem (het)	кинотеатри хонагӣ	[kinoteatri χonagi:]
DVD-speler (de)	DVD-монак	[εøε-monak]
versterker (de)	қувватафзо	[quvvatafzo]
spelconsole (de)	плейстейшн	[plejstejʃn]
videocamera (de)	видеокамера	[videokamera]
fotocamera (de)	фотоаппарат	[fotoapparat]
digitale camera (de)	суратгираки рақамӣ	[suratgiraki raqami:]
stofzuiger (de)	чангкашак	[tʃangkaʃak]
strijkijzer (het)	дарзмол	[darzmol]
strijkplank (de)	тахтаи дарзмолкунӣ	[taχtai darzmolkuni:]
telefoon (de)	телефон	[telefon]
mobieltje (het)	телефони мобилӣ	[telefoni mobili:]
schrijfmachine (de)	мошинаи хатнависӣ	[moʃinai χatnavisi:]
naaimachine (de)	мошинаи чокдӯзӣ	[moʃinai tʃokdœzi:]
microfoon (de)	микрофон	[mikrofon]
koptelefoon (de)	гӯшак, гӯшпӯшак	[gœʃak], [gœʃpœʃak]
afstandsbediening (de)	пулт	[pult]
CD (de)	компакт-диск	[kompakt-disk]
cassette (de)	кассета	[kasseta]
vinylplaat (de)	пластинка	[plastinka]

MENSELIJKE ACTIVITEITEN

Baan. Business. Deel 1

69. Kantoor. Op kantoor werken

kantoor (het)	офис	[ofis]
kamer (de)	утоқи кор	[utoqi kor]
receptie (de)	ресепшн	[resepʃn]
secretaris (de)	котиб	[kotib]
directeur (de)	директор, мудир	[direktor], [mudir]
manager (de)	менечер	[menedʒer]
boekhouder (de)	бухғалтер	[buχʁalter]
werknemer (de)	коркун	[korkun]
meubilair (het)	мебел	[mebel]
tafel (de)	миз	[miz]
bureaustoel (de)	курсӣ	[kursi:]
ladeblok (het)	чевонча	[dʒevontʃa]
kapstok (de)	либосовезак	[libosovezak]
computer (de)	компютер	[kompjuter]
printer (de)	принтер	[printer]
fax (de)	факс	[faks]
kopieerapparaat (het)	мошини нусхабардорӣ	[moʃini nusχabardori:]
papier (het)	қоғаз	[qoʁaz]
kantoorartikelen (mv.)	молҳои конселярӣ	[molhoi konseljari:]
muismat (de)	гилемчаи муш	[gilemtʃai muʃ]
blad (het)	варақ	[varaq]
ordner (de)	папка	[papka]
catalogus (de)	каталог	[katalog]
telefoongids (de)	маълумотнома	[ma'lumotnoma]
documentatie (de)	ҳуҷҷатҳо	[hudʒdʒatho]
brochure (de)	рисола, китобча	[risola], [kitobtʃa]
flyer (de)	варақа	[varaqa]
monster (het), staal (de)	намуна	[namuna]
training (de)	машқ	[maʃq]
vergadering (de)	маҷлис	[madʒlis]
lunchpauze (de)	танаффуси нисфирӯзӣ	[tanaffusi nisfirœzi:]
een kopie maken	нусха бардоштан	[nusχa bardoʃtan]
de kopieën maken	бисёр кардан	[bisjor kardan]
een fax ontvangen	факс гирифтан	[faks giriftan]
een fax versturen	факс фиристодан	[faks firistodan]
opbellen (ww)	занг задан	[zang zadan]

antwoorden (ww)	ҷавоб додан	[dʒavob dodan]
doorverbinden (ww)	алоқаманд кардан	[aloqamand kardan]
afspreken (ww)	муайян кардан	[muajjan kardan]
demonstreren (ww)	нишон додан	[niʃon dodan]
absent zijn (ww)	набудан	[nabudan]
afwezigheid (de)	набуд	[nabud]

70. Bedrijfsprocessen. Deel 1

bedrijf (business)	кор, соҳибкорӣ	[kor], [sohibkori:]
zaak (de), beroep (het)	кор	[kor]
firma (de)	фирма	[firma]
bedrijf (maatschap)	ширкат	[ʃirkat]
corporatie (de)	корпоратсия	[korporatsija]
onderneming (de)	муассиса, корхона	[muassisa], [korχona]
agentschap (het)	агенти шӯъба	[agenti ʃœ'ba]
overeenkomst (de)	шартнома, созишнома	[ʃartnoma], [soziʃnoma]
contract (het)	шартнома	[ʃartnoma]
transactie (de)	харидуфурӯш	[χaridufurœʃ]
bestelling (de)	супориш	[suporiʃ]
voorwaarde (de)	шарт	[ʃart]
in het groot (bw)	кӯтара	[kœtara]
groothandels- (abn)	кӯтара, яклухт	[kœtara], [jakluχt]
groothandel (de)	яклухтфурӯшӣ	[jakluχtfurœʃi:]
kleinhandels- (abn)	чакана	[tʃakana]
kleinhandel (de)	чаканафурӯшӣ	[tʃakanafurœʃi:]
concurrent (de)	рақиб	[raqib]
concurrentie (de)	рақобат	[raqobat]
concurreren (ww)	рақобат кардан	[raqobat kardan]
partner (de)	хариф	[harif]
partnerschap (het)	харифӣ	[harifi:]
crisis (de)	бӯҳрон	[bœhron]
bankroet (het)	шикаст, муфлисӣ	[ʃikast], [muflisi:]
bankroet gaan (ww)	муфлис шудан	[muflis ʃudan]
moeilijkheid (de)	душворӣ	[duʃvori:]
probleem (het)	масъала	[mas'ala]
catastrofe (de)	шикаст	[ʃikast]
economie (de)	иқтисодиёт	[iqtisodijot]
economisch (bn)	… и иқтисодӣ	[i iqtisodi:]
economische recessie (de)	таназзули иқтисодӣ	[tanazzuli iqtisodi:]
doel (het)	мақсад	[maqsad]
taak (de)	вазифа	[vazifa]
handelen (handel drijven)	савдо кардан	[savdo kardan]
netwerk (het)	муассисаҳо	[muassisaho]

voorraad (de)	анбор	[anbor]
assortiment (het)	навъҳои мол	[nav'hoi mol]
leider (de)	роҳбар	[rohbar]
groot (bn)	калон	[kalon]
monopolie (het)	монополия, инҳисор	[monopolija], [inhisor]
theorie (de)	назария	[nazarija]
praktijk (de)	таҷриба, амалия	[tadʒriba], [amalija]
ervaring (de)	таҷриба	[tadʒriba]
tendentie (de)	майл	[majl]
ontwikkeling (de)	пешравй	[peʃravi:]

71. Bedrijfsprocessen. Deel 2

voordeel (het)	фоида	[foida]
voordelig (bn)	фоиданок	[foidanok]
delegatie (de)	ҳайати вакилон	[hajati vakilon]
salaris (het)	музди меҳнат	[muzdi mehnat]
corrigeren (fouten ~)	ислоҳ кардан	[isloh kardan]
zakenreis (de)	командировка	[komandirovka]
commissie (de)	комиссия	[komissija]
controleren (ww)	назорат кардан	[nazorat kardan]
conferentie (de)	конференсия	[konferensija]
licentie (de)	ҷавознома	[dʒavoznoma]
betrouwbaar (partner, enz.)	боэътимод	[boɛ'timod]
aanzet (de)	шурӯъ, ташаббус	[ʃurœ'], [taʃabbus]
norm (bijv. ~ stellen)	норма	[norma]
omstandigheid (de)	ҳолат, маврид	[holat], [mavrid]
taak, plicht (de)	вазифа	[vazifa]
organisatie (bedrijf, zaak)	созмон	[sozmon]
organisatie (proces)	ташкил	[taʃkil]
georganiseerd (bn)	муташаккил	[mutaʃakkil]
afzegging (de)	бекор кардани	[bekor kardani]
afzeggen (ww)	бекор кардан	[bekor kardan]
verslag (het)	ҳисоб, ҳисобот	[hisob], [hisobot]
patent (het)	патент	[patent]
patenteren (ww)	патент додан	[patent dodan]
plannen (ww)	нақша кашидан	[naqʃa kaʃidan]
premie (de)	ҷоиза	[dʒoiza]
professioneel (bn)	касаба	[kasaba]
procedure (de)	расму қоида	[rasmu qoida]
onderzoeken (contract, enz.)	матраҳ кардан	[matrah kardan]
berekening (de)	муҳосиба	[muhosiba]
reputatie (de)	шӯҳрат	[ʃœhrat]
risico (het)	хатар, таваккал	[xatar], [tavakkal]
beheren (managen)	сардорӣ кардан	[sardori: kardan]

informatie (de)	маълумот	[ma'lumot]
eigendom (bezit)	моликият	[molikijat]
unie (de)	иттиҳод	[ittihod]
levensverzekering (de)	суғуртакунии ҳаёт	[suʁurtakuni:i hajot]
verzekeren (ww)	суғурта кардан	[suʁurta kardan]
verzekering (de)	суғурта	[suʁurta]
veiling (de)	савдо, фурӯш	[savdo], [furœʃ]
verwittigen (ww)	огоҳ кардан	[ogoh kardan]
beheer (het)	идоракунӣ	[idorakuni:]
dienst (de)	хизмат	[χizmat]
forum (het)	маҷлис	[madʒlis]
functioneren (ww)	ҳаракат кардан	[harakat kardan]
stap, etappe (de)	марҳала	[marhala]
juridisch (bn)	ҳуқуқӣ, ... и ҳуқуқ	[huquqi:], [i huquq]
jurist (de)	ҳуқуқшинос	[huquqʃinos]

72. Productie. Werken

industriële installatie (fabriek)	завод	[zavod]
fabriek (de)	фабрика	[fabrika]
werkplaatsruimte (de)	сех	[seχ]
productielocatie (de)	истеҳсолот	[istehsolot]
industrie (de)	саноат	[sanoat]
industrieel (bn)	саноатӣ	[sanoati:]
zware industrie (de)	саноати вазнин	[sanoati vaznin]
lichte industrie (de)	саноати сабук	[sanoati sabuk]
productie (de)	тавлидот, маҳсул	[tavlidot], [mahsul]
produceren (ww)	истеҳсол кардан	[istehsol kardan]
grondstof (de)	ашёи хом	[aʃjoi χom]
voorman, ploegbaas (de)	сардори бригада	[sardori brigada]
ploeg (de)	бригада	[brigada]
arbeider (de)	коргар	[korgar]
werkdag (de)	рӯзи кор	[rœzi kor]
pauze (de)	танаффус	[tanaffus]
samenkomst (de)	маҷлис	[madʒlis]
bespreken (spreken over)	муҳокима кардан	[muhokima kardan]
plan (het)	нақша	[naqʃa]
het plan uitvoeren	иҷрои нақша	[idʒroi naqʃa]
productienorm (de)	нормаи кор	[normai kor]
kwaliteit (de)	сифат	[sifat]
controle (de)	назорат	[nazorat]
kwaliteitscontrole (de)	назорати сифат	[nazorati sifat]
arbeidsveiligheid (de)	бехатарии меҳнат	[beχatari:i mehnat]
discipline (de)	низом	[nizom]
overtreding (de)	вайронкунӣ	[vajronkuni:]

overtreden (ww)	вайрон кардан	[vajron kardan]
staking (de)	корпартой	[korpartoi:]
staker (de)	корпарто	[korparto]
staken (ww)	корпартой кардан	[korpartoi: kardan]
vakbond (de)	ташкилоти касабавӣ	[taʃkiloti kasabavi:]
uitvinden (machine, enz.)	ихтироъ кардан	[iχtiro' kardan]
uitvinding (de)	ихтироъ	[iχtiro']
onderzoek (het)	таҳқиқ	[tahqiq]
verbeteren (beter maken)	беҳтар кардан	[behtar kardan]
technologie (de)	технология	[teχnologija]
technische tekening (de)	нақша, тарҳ	[naqʃa], [tarh]
vracht (de)	бор	[bor]
lader (de)	борбардор	[borbardor]
laden (vrachtwagen)	бор кардан	[bor kardan]
laden (het)	бор кардан	[bor kardan]
lossen (ww)	борро фуровардан	[borro furovardan]
lossen (het)	борфурорӣ	[borfurori:]
transport (het)	нақлиёт	[naqlijot]
transportbedrijf (de)	ширкати нақлиётӣ	[ʃirkati naqlijoti:]
transporteren (ww)	кашондан	[kaʃondan]
goederenwagon (de)	вагони боркаш	[vagoni borkaʃ]
tank (bijv. ketelwagen)	систерна	[sisterna]
vrachtwagen (de)	мошини боркаш	[moʃini borkaʃ]
machine (de)	дастгоҳ	[dastgoh]
mechanisme (het)	механизм	[meχanizm]
industrieel afval (het)	пасмондаҳо	[pasmondaho]
verpakking (de)	печонда бастан	[petʃonda bastan]
verpakken (ww)	печонда бастан	[petʃonda bastan]

73. Contract. Overeenstemming

contract (het)	шартнома	[ʃartnoma]
overeenkomst (de)	созишнома	[soziʃnoma]
bijlage (de)	илова	[ilova]
een contract sluiten	шартнома бастан	[ʃartnoma bastan]
handtekening (de)	имзо	[imzo]
ondertekenen (ww)	имзо кардан	[imzo kardan]
stempel (de)	мӯҳр	[mœhr]
voorwerp (het) van de overeenkomst	мавзӯи шартнома	[mavzœi ʃartnoma]
clausule (de)	модда	[modda]
partijen (mv.)	тарафҳо	[tarafho]
vestigingsadres (het)	нишонии ҳуқуқӣ	[niʃoni:i huquqi:]
het contract verbreken (overtreden)	вайрон кардани шартнома	[vajron kardani ʃartnoma]

verplichting (de)	вазифа, ӯҳдадорӣ	[vazifa], [œhdadori:]
verantwoordelijkheid (de)	масъулият	[mas'ulijat]
overmacht (de)	форс-мажор	[fors-maʒor]
geschil (het)	баҳс	[bahs]
sancties (mv.)	ҷаримаи шартномавӣ	[dʒarimai ʃartnomavi:]

74. Import & Export

import (de)	воридот	[voridot]
importeur (de)	воридгари мол	[voridgari mol]
importeren (ww)	ворид кардан	[vorid kardan]
import- (abn)	… и воридот	[i voridot]
uitvoer (export)	содирот	[sodirot]
exporteur (de)	содиргар	[sodirgar]
exporteren (ww)	содирот кардан	[sodirot kardan]
uitvoer- (bijv., ~goederen)	… и содирот	[i sodirot]
goederen (mv.)	мол	[mol]
partij (de)	як миқдор	[jak miqdor]
gewicht (het)	вазн	[vazn]
volume (het)	ҳаҷм	[hadʒm]
kubieke meter (de)	метри кубӣ	[metri kubi:]
producent (de)	истеҳолкунанда	[isteholkunanda]
transportbedrijf (de)	ширкати нақлиётӣ	[ʃirkati naqlijoti:]
container (de)	контейнер	[kontejner]
grens (de)	сарҳад	[sarhad]
douane (de)	гумрукхона	[gumrukxona]
douanerecht (het)	ҳаққи гумрукӣ	[χaqqi gumruki:]
douanier (de)	гумрукчӣ	[gumruktʃi:]
smokkelen (het)	қочоқчигӣ	[qotʃoqtʃigi:]
smokkelwaar (de)	қочоқ	[qotʃoq]

75. Financiën

aandeel (het)	саҳмия	[sahmija]
obligatie (de)	облигасия	[obligasija]
wissel (de)	вексел	[veksel]
beurs (de)	биржа	[birʒa]
aandelenkoers (de)	қурби саҳмия	[qurbi sahmija]
dalen (ww)	арзон шудан	[arzon ʃudan]
stijgen (ww)	қимат шудан	[qimat ʃudan]
deel (het)	ҳақ, саҳм	[haq], [sahm]
meerderheidsbelang (het)	пакети контролӣ	[paketi kontroli:]
investeringen (mv.)	маблағтузорӣ	[mablaʁtuzori:]
investeren (ww)	гузоштан	[guzoʃtan]

procent (het)	фоиз	[foiz]
rente (de)	фоизҳо	[foizho]

winst (de)	даромад, фоида	[daromad], [foida]
winstgevend (bn)	фоиданок	[foidanok]
belasting (de)	налог, андоз	[nalog], [andoz]

valuta (vreemde ~)	валюта асъор	[valjuta as'or]
nationaal (bn)	миллӣ	[milli:]
ruil (de)	мубодила, иваз	[mubodila], [ivaz]

boekhouder (de)	бухғалтер	[buχʁalter]
boekhouding (de)	бухғалтерия	[buχʁalterija]

bankroet (het)	шикаст, муфлисӣ	[ʃikast], [muflisi:]
ondergang (de)	шикаст, ҳалокат	[ʃikast], [halokat]
faillissement (het)	муфлисӣ	[muflisi:]
geruïneerd zijn (ww)	муфлис шудан	[muflis ʃudan]
inflatie (de)	бекурбшавии пул	[bekurbʃavi:i pul]
devaluatie (de)	бекурбшавии пул	[bequrbʃavi:i pul]

kapitaal (het)	капитал	[kapital]
inkomen (het)	даромад	[daromad]
omzet (de)	гардиш	[gardiʃ]
middelen (mv.)	захира	[zaχira]
financiële middelen (mv.)	маблағи пулӣ	[mablaʁi puli:]

operationele kosten (mv.)	харочоти иловагӣ	[χarodʒoti ilovagi:]
reduceren (kosten ~)	кам кардан	[kam kardan]

76. Marketing

marketing (de)	маркетинг	[marketing]
markt (de)	бозор	[bozor]
marktsegment (het)	сегменти бозор	[segmenti bozor]
product (het)	мол, маҳсул	[mol], [mahsul]
goederen (mv.)	мол	[mol]

merk (het)	тамғаи савдо, бренд	[tamʁai savdo], [brend]
handelsmerk (het)	тамға	[tamʁa]
beeldmerk (het)	маркаи фирма	[markai firma]
logo (het)	логотип	[logotip]
vraag (de)	талабот	[talabot]
aanbod (het)	таклиф	[taklif]
behoefte (de)	ниёз, талабот	[nijɔz], [talabot]
consument (de)	истеъмолкунанда	[iste'molkunanda]

analyse (de)	таҳлил	[tahlil]
analyseren (ww)	таҳлил кардан	[tahlil kardan]
positionering (de)	мавқеъ гирифтан	[mavqe' giriftan]
positioneren (ww)	мавқеъгирӣ	[mavqe'giri:]
prijs (de)	нарх	[narχ]
prijspolitiek (de)	сиёсати нархгузорӣ	[sijɔsati narχguzori:]
prijsvorming (de)	нархгузорӣ	[narχguzori:]

77. Reclame

reclame (de)	реклама	[reklama]
adverteren (ww)	эълон кардан	[ɛ'lon kardan]
budget (het)	буҷет	[buʤet]
advertentie, reclame (de)	реклама, эълон	[reklama], [ɛ'lon]
TV-reclame (de)	телереклама	[telereklama]
radioreclame (de)	реклама дар радио	[reklama dar radio]
buitenreclame (de)	рекламаи беруна	[reklamai beruna]
massamedia (de)	васоити ахбор	[vasoiti aχbor]
periodiek (de)	нашрияи даврӣ	[naʃrijai davri:]
imago (het)	имидж	[imiʤ]
slagzin (de)	шиор	[ʃior]
motto (het)	шиор	[ʃior]
campagne (de)	маърака	[ma'raka]
reclamecampagne (de)	маърака реклама	[ma'raka reklama]
doelpubliek (het)	гурӯҳи одамони ба мақсад ҷавобгӯ	[gurœhi odamoni ba maqsad ʤavobgœ]
visitekaartje (het)	варакаи боздид	[varakai bozdid]
flyer (de)	варақа	[varaqa]
brochure (de)	рисола, китобча	[risola], [kitobtʃa]
folder (de)	буклет	[buklet]
nieuwsbrief (de)	бюллетен	[bjulleten]
gevelreclame (de)	лавха	[lavha]
poster (de)	плакат	[plakat]
aanplakbord (het)	лавхаи эълонхо	[lavhai ɛ'lonho]

78. Bankieren

bank (de)	банк	[bank]
bankfiliaal (het)	шӯъба	[ʃœ'ba]
bankbediende (de)	мушовир	[muʃovir]
manager (de)	идоракунанда	[idorakunanda]
bankrekening (de)	хисоб	[hisob]
rekeningnummer (het)	рақами суратхисоб	[raqami surathisob]
lopende rekening (de)	хисоби ҷорӣ	[hisobi ʤori:]
spaarrekening (de)	суратхисоби ҷамъшаванда	[surathisobi ʤam'ʃavanda]
een rekening openen	суратхисоб кушодан	[surathisob kuʃodan]
de rekening sluiten	бастани суратхисоб	[bastani surathisob]
op rekening storten	ба суратхисоб гузарондан	[ba surathisob guzarondan]
opnemen (ww)	аз суратхисоб гирифтан	[az surathisob giriftan]
storting (de)	амонат	[amonat]
een storting maken	маблағ гузоштан	[mablaʁ guzoʃtan]

overschrijving (de)	интиқоли маблағ	[intiqoli mablaʁ]
een overschrijving maken	интиқол додан	[intiqol dodan]
som (de)	маблағ	[mablaʁ]
Hoeveel?	Чӣ қадар?	[tʃi: qadar]
handtekening (de)	имзо	[imzo]
ondertekenen (ww)	имзо кардан	[imzo kardan]
kredietkaart (de)	корти кредитӣ	[korti krediti:]
code (de)	рамз, код	[ramz], [kod]
kredietkaartnummer (het)	рақами корти кредитӣ	[raqami korti krediti:]
geldautomaat (de)	банкомат	[bankomat]
cheque (de)	чек	[tʃek]
een cheque uitschrijven	чек навиштан	[tʃek naviʃtan]
chequeboekje (het)	дафтарчаи чек	[daftartʃai tʃek]
lening, krediet (de)	қарз	[qarz]
een lening aanvragen	барои кредит муроҷиат кардан	[baroi kredit murodʒiat kardan]
een lening nemen	кредит гирифтан	[kredit giriftan]
een lening verlenen	кредит додан	[kredit dodan]
garantie (de)	кафолат, замонат	[kafolat], [zamonat]

79. Telefoon. Telefoongesprek

telefoon (de)	телефон	[telefon]
mobieltje (het)	телефони мобилӣ	[telefoni mobili:]
antwoordapparaat (het)	худчавобгӯ	[xudʒavobgœ]
bellen (ww)	телефон кардан	[telefon kardan]
belletje (telefoontje)	занг	[zang]
een nummer draaien	гирифтани рақамҳо	[giriftani raqamho]
Hallo!	алло, ҳа	[allo], [ha]
vragen (ww)	пурсидан	[pursidan]
antwoorden (ww)	чавоб додан	[dʒavob dodan]
horen (ww)	шунидан	[ʃunidan]
goed (bw)	хуб, нағз	[xub], [naʁz]
slecht (bw)	бад	[bad]
storingen (mv.)	садоҳои бегона	[sadohoi begona]
hoorn (de)	гӯшак	[gi:ʃak]
opnemen (ww)	бардоштани гӯшак	[bardoʃtani gœʃak]
ophangen (ww)	мондани гӯшак	[mondani gœʃak]
bezet (bn)	банд	[band]
overgaan (ww)	занг задан	[zang zadan]
telefoonboek (het)	китоби телефон	[kitobi telefon]
lokaal (bn)	маҳаллӣ	[mahalli:]
lokaal gesprek (het)	занги маҳаллӣ	[zangi mahalli:]

interlokaal (bn)	байнишаҳрӣ	[bajniʃahri:]
interlokaal gesprek (het)	занги байнишаҳрӣ	[zangi bajniʃahri:]
buitenlands (bn)	байналхалқӣ	[bajnalχalqi:]

80. Mobiele telefoon

mobieltje (het)	телефони мобилӣ	[telefoni mobili:]
scherm (het)	дисплей	[displej]
toets, knop (de)	тугмача	[tugmatʃa]
simkaart (de)	сим-корт	[sim-kort]
batterij (de)	батарея	[batareja]
leeg zijn (ww)	бе заряд шудан	[be zarjad ʃudan]
acculader (de)	асбоби барқпуркунанда	[asbobi barqpurkunanda]
menu (het)	меню	[menju]
instellingen (mv.)	соз кардан	[soz kardan]
melodie (beltoon)	оҳанг	[ohang]
selecteren (ww)	интихоб кардан	[intiχob kardan]
rekenmachine (de)	ҳисобкунак	[hisobkunak]
voicemail (de)	худҷавобгӯ	[χudʤavobgœ]
wekker (de)	соати рӯимизии зангдор	[soati rœimizi:i zangdor]
contacten (mv.)	китоби телефон	[kitobi telefon]
SMS-bericht (het)	СМС-хабар	[sms-χabar]
abonnee (de)	муштарӣ	[muʃtari:]

81. Schrijfbehoeften

balpen (de)	ручкаи саққочадор	[rutʃkai saqqotʃador]
vulpen (de)	парқалам	[parqalam]
potlood (het)	қалам	[qalam]
marker (de)	маркер	[marker]
viltstift (de)	фломастер	[flomaster]
notitieboekje (het)	блокнот, дафтари ёддошт	[bloknot], [daftari joddoʃt]
agenda (boekje)	рӯзнома	[rœznoma]
liniaal (de/het)	чадвал	[ʤadval]
rekenmachine (de)	ҳисобкунак	[hisobkunak]
gom (de)	ластик	[lastik]
punaise (de)	кнопка	[knopka]
paperclip (de)	скрепка	[skrepka]
lijm (de)	елим, шилм	[elim], [ʃilm]
nietmachine (de)	степлер	[stepler]
potloodslijper (de)	чарх	[tʃarχ]

82. Soorten bedrijven

boekhouddiensten (mv.)	хизмати муҳосиб	[ҳizmati muhosib]
reclame (de)	реклама	[reklama]
reclamebureau (het)	умури реклама	[umuri reklama]
airconditioning (de)	кондитсионерҳо	[konditsionerho]
luchtvaartmaatschappij (de)	ширкати ҳавопаймои	[ʃirkati havopajmoi:]
alcoholische dranken (mv.)	машруботи спиртдор	[maʃruboti spirtdor]
antiek (het)	атиқафурӯшӣ	[atiqafurœʃi:]
kunstgalerie (de)	нигористон	[nigoriston]
audit diensten (mv.)	хизмати аудиторӣ	[ҳizmati auditori:]
banken (mv.)	бизнеси бонкӣ	[biznesi bonki:]
bar (de)	бар	[bar]
schoonheidssalon (de/het)	кошонаи ҳусн	[koʃonai husn]
boekhandel (de)	мағозаи китоб	[maʁozai kitob]
bierbrouwerij (de)	корхонаи пивопазӣ	[korҳonai pivopazi:]
zakencentrum (het)	маркази бизнес	[markazi biznes]
business school (de)	мактаби бизнес	[maktabi biznes]
casino (het)	казино	[kazino]
bouwbedrijven (mv.)	сохтумон	[soҳtumon]
adviesbureau (het)	консалтинг	[konsalting]
tandheelkunde (de)	дандонпизишкӣ	[dandonpiziʃki:]
design (het)	дизайн, зебосозӣ	[dizajn], [zebosozi:]
apotheek (de)	дорухона	[doruҳona]
stomerij (de)	козургарии химиявӣ	[kozurgari:i ҳimijavi:]
uitzendbureau (het)	шӯъбаи кадрҳо	[ʃœ'bai kadrho]
financiële diensten (mv.)	хизмати молиявӣ	[ҳizmati molijavi:]
voedingswaren (mv.)	озуқаворӣ	[ozuqavori:]
uitvaartcentrum (het)	бюрои дафнкунӣ	[bjuroi dafnkuni:]
meubilair (het)	мебел	[mebel]
kleding (de)	либос	[libos]
hotel (het)	меҳмонхона	[mehmonҳona]
IJsje (het)	яхмос	[jaҳmos]
industrie (de)	саноат	[sanoat]
verzekering (de)	суғуртакунӣ	[suʁurtakuni:]
Internet (het)	интернет	[internet]
investeringen (mv.)	маблағтузорӣ	[mablaʁtuzori:]
juwelier (de)	чавҳарӣ	[dʒavhari:]
juwelen (mv.)	чавоҳирот	[dʒavohirot]
wasserette (de)	чомашӯйхона	[dʒomaʃœjҳona]
juridische diensten (mv.)	ёрии хуқуқӣ	[jori:i huquqi:]
lichte industrie (de)	саноати сабук	[sanoati sabuk]
tijdschrift (het)	мачалла	[madʒalla]
postorderbedrijven (mv.)	савдо аз рӯи рӯйхат	[savdo az rœi rœjҳat]
medicijnen (mv.)	тиб	[tib]
bioscoop (de)	кинотеатр	[kinoteatr]
museum (het)	осорхона	[osorҳona]

persbureau (het)	очонсии хабарӣ	[oʤonsi:i χabari:]
krant (de)	рӯзнома	[rœznoma]
nachtclub (de)	клуби шабона	[klubi ʃabona]
olie (aardolie)	нефт	[neft]
koerierdienst (de)	шӯъбаи хаткашонӣ	[ʃœ'bai χatkaʃoni:]
geneesmiddelen (mv.)	дорусозӣ	[dorusozi:]
drukkerij (de)	чопхона	[ʧopχona]
uitgeverij (de)	нашриёт	[naʃrijot]
radio (de)	радио	[radio]
vastgoed (het)	мулки ғайриманкул	[mulki ʁajrimankul]
restaurant (het)	тарабхона	[tarabχona]
bewakingsfirma (de)	очонсии посбонӣ	[oʤonsi:i posboni:]
sport (de)	варзиш	[varziʃ]
handelsbeurs (de)	биржа	[birʒa]
winkel (de)	магазин	[magazin]
supermarkt (de)	супермаркет	[supermarket]
zwembad (het)	ҳавз	[havz]
naaiatelier (het)	ателе, коргоҳ	[atele], [korgoh]
televisie (de)	телевизион	[televizion]
theater (het)	театр	[teatr]
handel (de)	савдо	[savdo]
transport (het)	кашондан	[kaʃondan]
toerisme (het)	туризм, саёҳат	[turizm], [sajoχat]
dierenarts (de)	духтури ҳайвонот	[duχturi hajvonot]
magazijn (het)	анбор	[anbor]
afvalinzameling (de)	баровардани партов	[barovardani partov]

Baan. Business. Deel 2

83. Show. Tentoonstelling

beurs (de)	намоишгоҳ	[namoiʃgoh]
vakbeurs, handelsbeurs (de)	намоишгоҳи тиҷоратӣ	[namoiʃgohi tidʒorati:]
deelneming (de)	иштирок	[iʃtirok]
deelnemen (ww)	иштирок кардан	[iʃtirok kardan]
deelnemer (de)	иштирокчӣ	[iʃtiroktʃi:]
directeur (de)	директор, мудир	[direktor], [mudir]
organisatiecomité (het)	кумитаи ташкилкунанда	[kumitai taʃkilkunanda]
organisator (de)	ташкилотчӣ	[taʃkilottʃi:]
organiseren (ww)	ташкил кардан	[taʃkil kardan]
deelnemingsaanvraag (de)	ариза барои иштирок	[ariza baroi iʃtirok]
invullen (een formulier ~)	пур кардан	[pur kardan]
details (mv.)	чузъиёт	[dʒuz'ijot]
informatie (de)	ахборот	[axborot]
prijs (de)	нарх	[narx]
inclusief (bijv. ~ BTW)	дохил карда	[doxil karda]
inbegrepen (alles ~)	дохил кардан	[doxil kardan]
betalen (ww)	пул додан	[pul dodan]
registratietarief (het)	пардохти бақайдгирӣ	[pardoxti baqajdgiri:]
ingang (de)	даромад	[daromad]
paviljoen (het), hal (de)	намоишгоҳ	[namoiʃgoh]
registreren (ww)	қайд кардан	[qajd kardan]
badge, kaart (de)	бэч	[bɛdʒ]
beursstand (de)	лавҳаи намоиш	[lavhai namoiʃi:]
reserveren (een stand ~)	нигоҳ доштан	[nigoh doʃtan]
vitrine (de)	витрина	[vitrina]
licht (het)	чароғ	[tʃaroʁ]
design (het)	дизайн, зебосозӣ	[dizajn], [zebosozi:]
plaatsen (ww)	чойгир кардан	[dʒojgir kardan]
geplaatst zijn (ww)	чойгир шудан	[dʒojgir ʃudan]
distributeur (de)	дистрибютор	[distribjutor]
leverancier (de)	таъминкунанда	[ta'minkunanda]
leveren (ww)	таъмин кардан	[ta'min kardan]
land (het)	кишвар	[kiʃvar]
buitenlands (bn)	хориҷӣ	[xoridʒi:]
product (het)	мол, маҳсул	[mol], [mahsul]
associatie (de)	ассотсиатсия	[assotsiatsija]
conferentiezaal (de)	мачлисгоҳ	[madʒlisgoh]

congres (het)	конгресс, анчуман	[kongress], [andʒuman]
wedstrijd (de)	конкурс	[konkurs]
bezoeker (de)	тамошобин	[tamoʃobin]
bezoeken (ww)	ба меҳмонӣ рафтан	[ba mehmoni: raftan]
afnemer (de)	супоришдиҳанда	[suporiʃdihanda]

84. Wetenschap. Onderzoek. Wetenschappers

wetenschap (de)	фан, илм	[fan], [ilm]
wetenschappelijk (bn)	илмӣ, фаннӣ	[ilmi:], [fanni:]
wetenschapper (de)	олим	[olim]
theorie (de)	назария	[nazarija]
axioma (het)	аксиома	[aksioma]
analyse (de)	таҳлил	[tahlil]
analyseren (ww)	таҳлил кардан	[tahlil kardan]
argument (het)	далел, бурҳон	[dalel], [burhon]
substantie (de)	модда	[modda]
hypothese (de)	гипотеза, фарзия	[gipoteza], [farzija]
dilemma (het)	дилемма	[dilemma]
dissertatie (de)	рисола	[risola]
dogma (het)	догма	[dogma]
doctrine (de)	доктрина	[doktrina]
onderzoek (het)	таҳқиқ	[tahqiq]
onderzoeken (ww)	таҳқиқ кардан	[tahqiq kardan]
toetsing (de)	назорат	[nazorat]
laboratorium (het)	лаборатория	[laboratorija]
methode (de)	метод	[metod]
molecule (de/het)	молекула	[molekula]
monitoring (de)	мониторинг	[monitoring]
ontdekking (de)	кашф, ихтироъ	[kaʃf], [iχtiro']
postulaat (het)	постулат	[postulat]
principe (het)	принсип	[prinsip]
voorspelling (de)	пешгӯй	[peʃgœi:]
een prognose maken	пешгӯй кардан	[peʃgœi: kardan]
synthese (de)	синтез	[sintez]
tendentie (de)	майл	[majl]
theorema (het)	теорема	[teorema]
leerstellingen (mv.)	таълимот	[ta'limot]
feit (het)	факт	[fakt]
expeditie (de)	экспедитсия	[ɛkspeditsija]
experiment (het)	тачриба, санчиш	[tadʒriba], [sandʒiʃ]
academicus (de)	академик	[akademik]
bachelor (bijv. BA, LLB)	бакалавр	[bakalavr]
doctor (de)	духтур, табиб	[duχtur], [tabib]
universitair docent (de)	дотсент	[dotsent]

master, magister (de)	**магистр**	[magistr]
professor (de)	**профессор**	[professor]

Beroepen en ambachten

85. Zoeken naar werk. Ontslag

baan (de)	кор	[kor]
werknemers (mv.)	кадрҳо	[kadrho]
personeel (het)	ҳайат	[hajat]
carrière (de)	пешравӣ дар мансаб	[peʃravi: dar mansab]
vooruitzichten (mv.)	дурнамо	[durnamo]
meesterschap (het)	ҳунар	[hunar]
keuze (de)	интихоб	[intiχob]
uitzendbureau (het)	шӯъбаи кадрҳо	[ʃœ'bai kadrho]
CV, curriculum vitae (het)	резюме, сивӣ	[rezjume], [sivi:]
sollicitatiegesprek (het)	сӯҳбат	[sœhbat]
vacature (de)	вазифаи холӣ	[vazifai χoli:]
salaris (het)	музди меҳнат	[muzdi mehnat]
vaste salaris (het)	моҳона	[mohona]
loon (het)	ҳақдиҳӣ	[haqdihi:]
betrekking (de)	вазифа	[vazifa]
taak, plicht (de)	вазифа	[vazifa]
takenpakket (het)	ҳудуди вазифа	[hududi vazifa]
bezig (~ zijn)	серкор	[serkor]
ontslagen (ww)	озод кардан	[ozod kardan]
ontslag (het)	аз кор холӣ шудан	[az kor χoli: ʃudan]
werkloosheid (de)	бекорӣ	[bekori:]
werkloze (de)	бекор	[bekor]
pensioen (het)	нафақа	[nafaqa]
met pensioen gaan	ба нафақа баромадан	[ba nafaqa baromadan]

86. Zakenmensen

directeur (de)	директор, мудир	[direktor], [mudir]
beheerder (de)	идоракунанда	[idorakunanda]
hoofd (het)	роҳбар, сардор	[rohbar], [sardor]
baas (de)	сардор	[sardor]
superieuren (mv.)	сардорон	[sardoron]
president (de)	президент	[prezident]
voorzitter (de)	раис	[rais]
adjunct (de)	ҷонишин	[dʒoniʃin]
assistent (de)	ёвар	[jɔvar]

secretaris (de)	котиб	[kotib]
persoonlijke assistent (de)	котиби шахсӣ	[kotibi ʃaxsi:]
zakenman (de)	корчаллон	[kortʃallon]
ondernemer (de)	соҳибкор	[sohibkor]
oprichter (de)	таъсис	[ta'sis]
oprichten	таъсис кардан	[ta'sis kardan]
(een nieuw bedrijf ~)		
stichter (de)	муассис	[muassis]
partner (de)	шарик	[ʃarik]
aandeelhouder (de)	саҳмиядор	[sahmijador]
miljonair (de)	миллионер	[millioner]
miljardair (de)	миллиардер	[milliarder]
eigenaar (de)	соҳиб	[sohib]
landeigenaar (de)	заминдор	[zamindor]
klant (de)	мизоч, муштарӣ	[mizodʒ], [muʃtari:]
vaste klant (de)	мизочи доимӣ	[mizodʒi doimi:]
koper (de)	харидор, муштарӣ	[xaridor], [muʃtari:]
bezoeker (de)	тамошобин	[tamoʃobin]
professioneel (de)	усто, устод	[usto], [ustod]
expert (de)	мумайиз	[mumajiz]
specialist (de)	мутахассис	[mutaxassis]
bankier (de)	соҳиби банк	[sohibi bank]
makelaar (de)	брокер	[broker]
kassier (de)	кассир	[kassir]
boekhouder (de)	бухгалтер	[buxʁalter]
bewaker (de)	посбон	[posbon]
investeerder (de)	маблағгузоранда	[mablaʁguzoranda]
schuldenaar (de)	қарздор	[qarzdor]
crediteur (de)	қарздиханда	[qarzdihanda]
lener (de)	вомгир	[vomgir]
importeur (de)	воридгари мол	[voridgari mol]
exporteur (de)	содиргар	[sodirgar]
producent (de)	истехолкунанда	[isteholkunanda]
distributeur (de)	дистрибютор	[distribjutor]
bemiddelaar (de)	даллол	[dallol]
adviseur, consulent (de)	мушовир	[muʃovir]
vertegenwoordiger (de)	намоянда	[namojanda]
agent (de)	агент	[agent]
verzekeringsagent (de)	идораи суғурта	[idorai suʁurta]

87. Dienstverlenende beroepen

kok (de)	ошпаз	[oʃpaz]
chef-kok (de)	сарошпаз	[saroʃpaz]

bakker (de)	нонвой	[nonvoj]
barman (de)	бармен	[barmen]
kelner, ober (de)	пешхизмат	[peʃxizmat]
serveerster (de)	пешхизмат	[peʃxizmat]
advocaat (de)	адвокат, ҳимоягар	[advokat], [himojagar]
jurist (de)	ҳуқуқшинос	[huquqʃinos]
notaris (de)	нотариус	[notarius]
elektricien (de)	барқчӣ	[barqtʃi:]
loodgieter (de)	сантехник	[santexnik]
timmerman (de)	дуредгар	[duredgar]
masseur (de)	масҳгар	[mashgar]
masseuse (de)	маҳсгарзан	[mahsgarzan]
dokter, arts (de)	духтур	[duxtur]
taxichauffeur (de)	таксичӣ	[taksitʃi:]
chauffeur (de)	ронанда	[ronanda]
koerier (de)	хаткашон	[xatkaʃon]
kamermeisje (het)	пешхизмат	[peʃxizmat]
bewaker (de)	посбон	[posbon]
stewardess (de)	стюардесса	[stjuardessa]
meester (de)	муаллим	[muallim]
bibliothecaris (de)	китобдор	[kitobdor]
vertaler (de)	тарчумон	[tardʒumon]
tolk (de)	тарчумон	[tardʒumon]
gids (de)	роҳбалад	[rohbalad]
kapper (de)	сартарош	[sartaroʃ]
postbode (de)	хаткашон	[xatkaʃon]
verkoper (de)	фурӯш	[furœʃ]
tuinman (de)	боғбон	[boʁbon]
huisbediende (de)	хизматгор	[xizmatgor]
dienstmeisje (het)	хизматгорзан	[xizmatgorzan]
schoonmaakster (de)	фаррошзан	[farroʃzan]

88. Militaire beroepen en rangen

soldaat (rang)	аскари қаторӣ	[askari qatori:]
sergeant (de)	сержант	[serʒant]
luitenant (de)	лейтенант	[lejtenant]
kapitein (de)	капитан	[kapitan]
majoor (de)	майор	[major]
kolonel (de)	полковник	[polkovnik]
generaal (de)	генерал	[general]
maarschalk (de)	маршал	[marʃal]
admiraal (de)	адмирал	[admiral]
militair (de)	ҳарбӣ, чангӣ	[harbi:], [tʃangi:]
soldaat (de)	аскар	[askar]

officier (de)	афсар	[afsar]
commandant (de)	командир	[komandir]
grenswachter (de)	сарҳадбон	[sarhadbon]
marconist (de)	радиочӣ	[radiotʃi:]
verkenner (de)	разведкачӣ	[razvedkatʃi:]
sappeur (de)	сапёр	[sapjɔr]
schutter (de)	тирандоз	[tirandoz]
stuurman (de)	штурман	[ʃturman]

89. Ambtenaren. Priesters

koning (de)	шоҳ	[ʃoh]
koningin (de)	малика	[malika]
prins (de)	шоҳзода	[ʃohzoda]
prinses (de)	шоҳдухтар	[ʃohduχtar]
tsaar (de)	шоҳ	[ʃoh]
tsarina (de)	шоҳзан	[ʃohzan]
president (de)	президент	[prezident]
minister (de)	вазир	[vazir]
eerste minister (de)	сарвазир	[sarvazir]
senator (de)	сенатор	[senator]
diplomaat (de)	дипломат	[diplomat]
consul (de)	консул	[konsul]
ambassadeur (de)	сафир	[safir]
adviseur (de)	мушовир	[muʃovir]
ambtenaar (de)	амалдор	[amaldor]
prefect (de)	префект	[prefekt]
burgemeester (de)	мир	[mir]
rechter (de)	довар	[dovar]
aanklager (de)	прокурор, додситон	[prokuror], [dodsiton]
missionaris (de)	миссионер, мубаллиғ	[missioner], [muballiʁ]
monnik (de)	роҳиб	[rohib]
abt (de)	аббат	[abbat]
rabbi, rabbijn (de)	раббӣ	[rabbi:]
vizier (de)	вазир	[vazir]
sjah (de)	шоҳ	[ʃoh]
sjeik (de)	шайх	[ʃajχ]

90. Agrarische beroepen

imker (de)	занбӯрпарвар	[zanbœrparvar]
herder (de)	подабон	[podabon]
landbouwkundige (de)	агроном	[agronom]

veehouder (de)	чорводор	[tʃorvodor]
dierenarts (de)	духтури хайвонот	[duχturi hajvonot]
landbouwer (de)	фермер	[fermer]
wijnmaker (de)	шаробсоз	[ʃarobsoz]
zoöloog (de)	зоолог	[zoolog]
cowboy (de)	ковбой	[kovboj]

91. Kunst beroepen

acteur (de)	хунарманд	[hunarmand]
actrice (de)	хунарманд	[hunarmand]
zanger (de)	сурудхон, хофиз	[surudχon], [hofiz]
zangeres (de)	сароянда	[sarojanda]
danser (de)	раққос	[raqqos]
danseres (de)	раққоса	[raqqosa]
artiest (mann.)	хунарманд	[hunarmand]
artiest (vrouw.)	хунарманд	[hunarmand]
muzikant (de)	мусиқачӣ	[musiqatʃi:]
pianist (de)	пианинонавоз	[pianinonavoz]
gitarist (de)	гиторчӣ	[gitortʃi:]
orkestdirigent (de)	дирижёр	[diriʒjɔr]
componist (de)	композитор, бастакор	[kompozitor], [bastakor]
impresario (de)	импрессарио	[impressario]
filmregisseur (de)	коргардон	[korgardon]
filmproducent (de)	продюсер	[prodjuser]
scenarioschrijver (de)	муаллифи сенарий	[muallifi senarij]
criticus (de)	мунаққид	[munaqqid]
schrijver (de)	нависанда	[navisanda]
dichter (de)	шоир	[ʃoir]
beeldhouwer (de)	хайкалтарош	[hajkaltaroʃ]
kunstenaar (de)	рассом	[rassom]
jongleur (de)	жонглёр	[ʒongljɔr]
clown (de)	масхарабоз	[masχaraboz]
acrobaat (de)	дорбоз, акробат	[dorboz], [akrobat]
goochelaar (de)	найрангбоз	[najrangboz]

92. Verschillende beroepen

dokter, arts (de)	духтур	[duχtur]
ziekenzuster (de)	хамшираи тиббӣ	[hamʃirai tibbi:]
psychiater (de)	равонпизишк	[ravonpiziʃk]
tandarts (de)	дандонпизишк	[dandonpiziʃk]
chirurg (de)	чаррох	[dʒarroh]

astronaut (de)	кайҳоннавард	[kajhonnavard]
astronoom (de)	ситорашинос	[sitoraʃinos]
piloot (de)	лётчик	[ljottʃik]
chauffeur (de)	ронанда	[ronanda]
machinist (de)	мошинист	[moʃinist]
mecanicien (de)	механик	[meχanik]
mijnwerker (de)	конкан	[konkan]
arbeider (de)	коргар	[korgar]
bankwerker (de)	челонгар	[tʃelongar]
houtbewerker (de)	дуредгар, наччор	[duredgar], [nadʒdʒor]
draaier (de)	харрот	[χarrot]
bouwvakker (de)	бинокор	[binokor]
lasser (de)	кафшергар	[kafʃergar]
professor (de)	профессор	[professor]
architect (de)	меъмор	[me'mor]
historicus (de)	таърихдон	[ta'riχdon]
wetenschapper (de)	олим	[olim]
fysicus (de)	физик	[fizik]
scheikundige (de)	химик	[χimik]
archeoloog (de)	археолог	[arχeolog]
geoloog (de)	геолог	[geolog]
onderzoeker (de)	таҳқикотчй	[tahqikottʃi:]
babysitter (de)	бачабардор	[batʃabardor]
leraar, pedagoog (de)	муаллим	[muallim]
redacteur (de)	муҳаррир	[muharrir]
chef-redacteur (de)	сармуҳаррир	[sarmuharrir]
correspondent (de)	мухбир	[muχbir]
typiste (de)	мошинистка	[moʃinistka]
designer (de)	дизайнгар, зебосоз	[dizajngar], [zebosoz]
computerexpert (de)	устои компютер	[ustoi kompjuter]
programmeur (de)	барномасоз	[barnomasoz]
ingenieur (de)	инженер	[inʒener]
matroos (de)	баҳрчй	[bahrtʃi:]
zeeman (de)	баҳрчй, маллоҳ	[bahrtʃi:], [malloh]
redder (de)	начотдиҳанда	[nadʒotdihanda]
brandweerman (de)	сӯхторхомӯшкун	[sœχtorχomœʃkun]
politieagent (de)	полис	[polis]
nachtwaker (de)	посбон	[posbon]
detective (de)	чустучӯкунанда	[dʒustudʒœkunanda]
douanier (de)	гумрукчй	[gumruktʃi:]
lijfwacht (de)	муҳофиз	[muhofiz]
gevangenisbewaker (de)	назоратчии ҳабсхона	[nazorattʃi:i habsχona]
inspecteur (de)	назоратчй	[nazorattʃi:]
sportman (de)	варзишгар	[varziʃgar]
trainer (de)	тренер	[trener]

slager, beenhouwer (de)	қассоб, гӯштфурӯш	[qassob], [gœʃtfurœʃ]
schoenlapper (de)	мӯзадӯз	[mœzadœz]
handelaar (de)	савдогар, тоҷир	[savdogar], [todʒir]
lader (de)	борбардор	[borbardor]
kledingstilist (de)	тархсоз	[tarhsoz]
model (het)	модел	[model]

93. Beroepen. Sociale status

scholier (de)	мактабхон	[maktabxon]
student (de)	донишҷӯ	[doniʃdʒœ]
filosoof (de)	файласуф	[fajlasuf]
econoom (de)	иқтисодчӣ	[iqtisodtʃi:]
uitvinder (de)	ихтироъкор	[ixtiro'kor]
werkloze (de)	бекор	[bekor]
gepensioneerde (de)	нафақахӯр	[nafaqaxœr]
spion (de)	ҷосус	[dʒosus]
gedetineerde (de)	маҳбус	[mahbus]
staker (de)	корпарто	[korparto]
bureaucraat (de)	бюрократ	[bjurokrat]
reiziger (de)	сайёх	[sajjɔχ]
homoseksueel (de)	гомосексуалист	[gomoseksualist]
hacker (computerkraker)	хакер	[xaker]
hippie (de)	хиппи	[xippi]
bandiet (de)	роҳзан	[rohzan]
huurmoordenaar (de)	қотили зархарид	[qotili zarχarid]
drugsverslaafde (de)	нашъаманд	[naʃ'amand]
drugshandelaar (de)	нашъаҷаллоб	[naʃ'adʒallob]
prostituee (de)	фоҳиша	[fohiʃa]
pooier (de)	занҷаллоб	[zandʒallob]
tovenaar (de)	ҷодугар	[dʒodugar]
tovenares (de)	занаки ҷодугар	[zanaki dʒodugar]
piraat (de)	роҳзани баҳрӣ	[rohzani bahri:]
slaaf (de)	ғулом	[ʁulom]
samoerai (de)	самурай	[samuraj]
wilde (de)	одами ваҳшӣ	[odami vahʃi:]

Onderwijs

94. School

school (de)	мактаб	[maktab]
schooldirecteur (de)	директори мактаб	[direktori maktab]
leerling (de)	талаба	[talaba]
leerlinge (de)	толиба	[toliba]
scholier (de)	мактабхон	[maktabχon]
scholiere (de)	духтари мактабхон	[duχtari maktabχon]
leren (lesgeven)	меомӯзонад	[meomœzonad]
studeren (bijv. een taal ~)	омӯхтан	[omœχtan]
van buiten leren	аз ёд кардан	[az jod kardan]
leren (bijv. ~ tellen)	омӯхтан	[omœχtan]
in school zijn (schooljongen zijn)	дар мактаб хондан	[dar maktab χondan]
naar school gaan	ба мактаб рафтан	[ba maktab raftan]
alfabet (het)	алифбо	[alifbo]
vak (schoolvak)	фан	[fan]
klaslokaal (het)	синф, дарсхона	[sinʃ], [darsχona]
les (de)	дарс	[dars]
pauze (de)	танаффус	[tanaffus]
bel (de)	занг	[zang]
schooltafel (de)	парта	[parta]
schoolbord (het)	тахтаи синф	[taχtai sinʃ]
cijfer (het)	баҳо	[baho]
goed cijfer (het)	баҳои хуб	[bahoi χub]
slecht cijfer (het)	баҳои бад	[bahoi bad]
een cijfer geven	баҳо гузоштан	[baho guzoʃtan]
fout (de)	хато	[χato]
fouten maken	хато кардан	[χato kardan]
corrigeren (fouten ~)	ислоҳ кардан	[isloh kardan]
spiekbriefje (het)	шпаргалка	[ʃpargalka]
huiswerk (het)	вазифаи хонагӣ	[vazifai χonagi:]
oefening (de)	машқ	[maʃq]
aanwezig zijn (ww)	иштирок доштан	[iʃtirok doʃtan]
absent zijn (ww)	набудан	[nabudan]
school verzuimen	ба дарс нарафтан	[ba dars naraftan]
bestraffen (een stout kind ~)	ҷазо додан	[dʒazo dodan]
bestraffing (de)	ҷазо	[dʒazo]

gedrag (het)	рафтор	[raftor]
cijferlijst (de)	рӯзнома	[rœznoma]
potlood (het)	қалам	[qalam]
gom (de)	ластик	[lastik]
krijt (het)	бӯр	[bœr]
pennendoos (de)	қаламдон	[qalamdon]
boekentas (de)	чузвкаш	[dʒuzvkaʃ]
pen (de)	ручка	[rutʃka]
schrift (de)	дафтар	[daftar]
leerboek (het)	китоби дарсӣ	[kitobi darsi:]
passer (de)	паргор	[pargor]
technisch tekenen (ww)	нақша кашидан	[naqʃa kaʃidan]
technische tekening (de)	нақша, тарх	[naqʃa], [tarh]
gedicht (het)	шеър	[ʃe'r]
van buiten (bw)	аз ёд	[az jod]
van buiten leren	аз ёд кардан	[az jod kardan]
vakantie (de)	таътил	[ta'til]
met vakantie zijn	дар таътил будан	[dar ta'til budan]
vakantie doorbrengen	таътилро гузаронидан	[ta'tilro guzaronidan]
toets (schriftelijke ~)	кори санҷишӣ	[kori sandʒiʃi:]
opstel (het)	иншо	[inʃo]
dictee (het)	диктант, имло	[diktant], [imlo]
examen (het)	имтиҳон	[imtihon]
examen afleggen	имтиҳон супоридан	[imtihon suporidan]
experiment (het)	таҷриба, санҷиш	[tadʒriba], [sandʒiʃ]

95. Hogeschool. Universiteit

academie (de)	академия	[akademija]
universiteit (de)	университет	[universitet]
faculteit (de)	факулта	[fakulta]
student (de)	донишҷӯ	[doniʃdʒœ]
studente (de)	донишҷӯ	[doniʃdʒœ]
leraar (de)	устод	[ustod]
collegezaal (de)	синф	[sinf]
afgestudeerde (de)	хатмкунанда	[χatmkunanda]
diploma (het)	диплом	[diplom]
dissertatie (de)	рисола	[risola]
onderzoek (het)	тадқиқот	[tadqiqot]
laboratorium (het)	лаборатория	[laboratorija]
college (het)	лексия	[lekcija]
medestudent (de)	ҳамкурс	[hamkurs]
studiebeurs (de)	стипендия	[stipendija]
academische graad (de)	унвони илмӣ	[unvoni ilmi:]

96. Wetenschappen. Disciplines

wiskunde (de)	математика	[matematika]
algebra (de)	алгебра, алчабр	[algebra], [aldʒabr]
meetkunde (de)	геометрия	[geometrija]

astronomie (de)	ситорашиносӣ	[sitoraʃinosi:]
biologie (de)	биология, илми ҳаёт	[biologija], [ilmi hajɔt]
geografie (de)	география	[geografija]
geologie (de)	геология	[geologija]
geschiedenis (de)	таърих	[ta'riχ]

geneeskunde (de)	тиб	[tib]
pedagogiek (de)	омӯзгорӣ	[omœzgori:]
rechten (mv.)	ҳуқуқ	[huquq]

fysica, natuurkunde (de)	физика	[fizika]
scheikunde (de)	химия	[χimija]
filosofie (de)	фалсафа	[falsafa]
psychologie (de)	равоншиносӣ	[ravonʃinosi:]

97. Schrift. Spelling

grammatica (de)	грамматика	[grammatika]
vocabulaire (het)	лексика	[leksika]
fonetiek (de)	савтиёт	[savtijɔt]

zelfstandig naamwoord (het)	исм	[ism]
bijvoeglijk naamwoord (het)	сифат	[sifat]
werkwoord (het)	феъл	[fe'l]
bijwoord (het)	зарф	[zarf]

voornaamwoord (het)	ҷонишин	[dʒoniʃin]
tussenwerpsel (het)	нидо	[nido]
voorzetsel (het)	пешоянд	[peʃojand]

stam (de)	решаи калима	[reʃai kalima]
achtervoegsel (het)	бандак	[bandak]
voorvoegsel (het)	префикс	[prefiks]
lettergreep (de)	ҳиҷо	[hidʒo]
achtervoegsel (het)	суффикс	[suffiks]

| nadruk (de) | зада | [zada] |
| afkappingsteken (het) | апостроф | [apostrof] |

punt (de)	нуқта	[nuqta]
komma (de/het)	вергул	[vergul]
puntkomma (de)	нуқтаву вергул	[nuqtavu vergul]
dubbelpunt (de)	ду нуқта	[du nuqta]
beletselteken (het)	бисёрнуқта	[bisjɔrnuqta]

| vraagteken (het) | аломати савол | [alomati savol] |
| uitroepteken (het) | аломати хитоб | [alomati χitob] |

aanhalingstekens (mv.)	нохунак	[noxunak]
tussen aanhalingstekens (bw)	дар нохунак	[dar noxunak]
haakjes (mv.)	қавсҳо	[qavsho]
tussen haakjes (bw)	дар қавс	[dar qavs]
streepje (het)	нимтире	[nimtire]
gedachtestreepje (het)	тире	[tire]
spatie	масофа	[masofa]
(~ tussen twee woorden)		
letter (de)	ҳарф	[harf]
hoofdletter (de)	ҳарфи калон	[harfi kalon]
klinker (de)	садонок	[sadonok]
medeklinker (de)	овози ҳамсадо	[ovozi hamsado]
zin (de)	чумла	[dʒumla]
onderwerp (het)	мубтадо	[mubtado]
gezegde (het)	хабар	[xabar]
regel (in een tekst)	сатр, хат	[satr], [xat]
op een nieuwe regel (bw)	аз хати нав	[az xati nav]
alinea (de)	сарсатр	[sarsatr]
woord (het)	калима	[kalima]
woordgroep (de)	ибора	[ibora]
uitdrukking (de)	ибора	[ibora]
synoniem (het)	муродиф	[murodif]
antoniem (het)	антоним	[antonim]
regel (de)	қоида	[qoida]
uitzondering (de)	истисно	[istisno]
correct (bijv. ~e spelling)	дуруст	[durust]
vervoeging, conjugatie (de)	тасриф	[tasrif]
verbuiging, declinatie (de)	тасриф	[tasrif]
naamval (de)	ҳолат	[holat]
vraag (de)	савол	[savol]
onderstrepen (ww)	хат кашидан	[xat kaʃidan]
stippellijn (de)	қаторнуқта	[qatornuqta]

98. Vreemde talen

taal (de)	забон	[zabon]
vreemd (bn)	хоричӣ	[xoridʒi:]
vreemde taal (de)	забони хоричӣ	[zaboni xoridʒi:]
leren (bijv. van buiten ~)	омӯхтан	[omœxtan]
studeren (Nederlands ~)	омӯхтан	[omœxtan]
lezen (ww)	хондан	[xondan]
spreken (ww)	гап задан	[gap zadan]
begrijpen (ww)	фаҳмидан	[fahmidan]
schrijven (ww)	навиштан	[naviʃtan]
snel (bw)	босуръат	[bosur'at]

langzaam (bw)	оҳиста	[ohista]
vloeiend (bw)	озодона	[ozodona]
regels (mv.)	қоидаҳо	[qoidaho]
grammatica (de)	грамматика	[grammatika]
vocabulaire (het)	лексика	[leksika]
fonetiek (de)	савтиёт	[savtijot]
leerboek (het)	китоби дарсӣ	[kitobi darsi:]
woordenboek (het)	луғат	[luʁat]
leerboek (het) voor zelfstudie	худомӯз	[χudomœz]
taalgids (de)	сӯҳбатнома	[sœhbatnoma]
cassette (de)	кассета	[kasseta]
videocassette (de)	видеокассета	[videokasseta]
CD (de)	CD, диски компактӣ	[ɔɛ], [diski kompakti:]
DVD (de)	DVD-диск	[ɛøɛ-disk]
alfabet (het)	алифбо	[alifbo]
spellen (ww)	ҳарфакӣ гап задан	[harfaki: gap zadan]
uitspraak (de)	талаффуз	[talaffuz]
accent (het)	зада, аксент	[zada], [aksent]
met een accent (bw)	бо аксент	[bo aksent]
zonder accent (bw)	бе аксент	[be aksent]
woord (het)	калима	[kalima]
betekenis (de)	маънӣ, маъно	[ma'ni:], [ma'no]
cursus (de)	курсҳо, дарсҳо	[kursho], [darsho]
zich inschrijven (ww)	дохил шудан	[doχil ʃudan]
leraar (de)	муаллим	[muallim]
vertaling (een ~ maken)	тарҷума	[tardʒuma]
vertaling (tekst)	тарҷума	[tardʒuma]
vertaler (de)	тарҷумон	[tardʒumon]
tolk (de)	тарҷумон	[tardʒumon]
polyglot (de)	забондон	[zabondon]
geheugen (het)	ҳофиза	[hofiza]

Rusten. Entertainment. Reizen

99. Trip. Reizen

toerisme (het)	туризм, саёхат	[turizm], [sajoχat]
toerist (de)	саёхатчӣ	[sajohattʃi:]
reis (de)	саёхат	[sajohat]
avontuur (het)	саргузашт	[sarguzaʃt]
tocht (de)	сафар	[safar]
vakantie (de)	рухсатӣ	[ruχsati:]
met vakantie zijn	дар рухсатӣ будан	[dar ruχsati: budan]
rust (de)	истироҳат	[istirohat]
trein (de)	поезд, қатор	[poezd], [qator]
met de trein	бо қатора	[bo qatora]
vliegtuig (het)	ҳавопаймо	[havopajmo]
met het vliegtuig	бо ҳавопаймо	[bo havopajmo]
met de auto	бо мошин	[bo moʃin]
per schip (bw)	бо киштӣ	[bo kiʃti:]
bagage (de)	бағоҷ, бор	[baʁodʒ], [bor]
valies (de)	чомадон	[dʒomadon]
bagagekarretje (het)	аробаи боғочкашӣ	[arobai boʁotʃkaʃi:]
paspoort (het)	шиносном	[ʃinosnoma]
visum (het)	виза	[viza]
kaartje (het)	билет	[bilet]
vliegticket (het)	чиптаи ҳавопаймо	[tʃiptai havopajmo]
reisgids (de)	роҳнома	[rohnoma]
kaart (de)	харита	[χarita]
gebied (landelijk ~)	чой, маҳал	[dʒoj], [mahal]
plaats (de)	чой	[dʒoj]
exotische bestemming (de)	ғароибот	[ʁaroibot]
exotisch (bn)	... и ғароиб	[i ʁaroib]
verwonderlijk (bn)	ҳайратангез	[hajratangez]
groep (de)	гурӯҳ	[guroeh]
rondleiding (de)	экскурсия, саёхат	[ɛkskursija], [sajohat]
gids (de)	роҳбари экскурсия	[rohbari ɛkskursija]

100. Hotel

hotel (het)	меҳмонхона	[mehmonχona]
motel (het)	меҳмонхона	[mehmonχona]
3-sterren	се ситорадор	[se sitorador]

5-sterren	панҷ ситорадор	[pandʒ sitorador]
overnachten (ww)	фуромадан	[furomadan]
kamer (de)	хуҷра	[hudʒra]
eenpersoonskamer (de)	хуҷраи якнафара	[hudʒrai jaknafara]
tweepersoonskamer (de)	хуҷраи дунафара	[hudʒrai dunafara]
een kamer reserveren	банд кардани хуҷра	[band kardani hudʒra]
halfpension (het)	бо нимтаъминот	[bo nimta'minot]
volpension (het)	бо таъминоти пурра	[bo ta'minoti purra]
met badkamer	ваннадор	[vannador]
met douche	душдор	[duʃdor]
satelliet-tv (de)	телевизиони спутникӣ	[televizioni sputniki:]
airconditioner (de)	кондитсионер	[konditsioner]
handdoek (de)	сачоқ	[satʃoq]
sleutel (de)	калид	[kalid]
administrateur (de)	маъмур, мудир	[ma'mur], [mudir]
kamermeisje (het)	пешхизмат	[peʃχizmat]
piccolo (de)	ҳаммол	[hammol]
portier (de)	дарбони меҳмонхона	[darboni mehmonχona]
restaurant (het)	тарабхона	[tarabχona]
bar (de)	бар	[bar]
ontbijt (het)	ноништа	[noniʃta]
avondeten (het)	шом	[ʃom]
buffet (het)	мизи шведӣ	[mizi ʃvedi:]
hal (de)	миёнсарой	[mijɔnsaroj]
lift (de)	лифт	[lift]
NIET STOREN	ХАЛАЛ НАРАСОНЕД	[χalal narasoned]
VERBODEN TE ROKEN!	ТАМОКУ НАКАШЕД!	[tamoku nakaʃed]

TECHNISCHE APPARATUUR. VERVOER

Technische apparatuur

101. Computer

computer (de)	компютер	[kompjuter]
laptop (de)	ноутбук	[noutbuk]
aanzetten (ww)	даргирондан	[dargirondan]
uitzetten (ww)	куштан	[kuʃtan]
toetsenbord (het)	клавиатура	[klaviatura]
toets (enter~)	тугмача	[tugmatʃa]
muis (de)	муш	[muʃ]
muismat (de)	гилемчаи муш	[gilemtʃai muʃ]
knopje (het)	тугмача	[tugmatʃa]
cursor (de)	курсор	[kursor]
monitor (de)	монитор	[monitor]
scherm (het)	экран	[ɛkran]
harde schijf (de)	диски сахт	[diski saχt]
volume (het) van de harde schijf	ҳачми диски сахт	[hadʒmi diski saχt]
geheugen (het)	ҳофиза	[hofiza]
RAM-geheugen (het)	хотираи фаврӣ	[χotirai favri:]
bestand (het)	файл	[fajl]
folder (de)	папка	[papka]
openen (ww)	кушодан	[kuʃodan]
sluiten (ww)	пӯшидан, бастан	[pœʃidan], [bastan]
opslaan (ww)	нигоҳ доштан	[nigoh doʃtan]
verwijderen (wissen)	нобуд кардан	[nobud kardan]
kopiëren (ww)	нусха бардоштан	[nusχa bardoʃtan]
sorteren (ww)	ба хелҳо чудо кардан	[ba χelho dʒudo kardan]
overplaatsen (ww)	аз нав навиштан	[az nav naviʃtan]
programma (het)	барнома	[barnoma]
software (de)	барномаи таъминотӣ	[barnomai ta'minoti:]
programmeur (de)	барномасоз	[barnomasoz]
programmeren (ww)	барномасозӣ кардан	[barnomasozi: kardan]
hacker (computerkraker)	хакер	[χaker]
wachtwoord (het)	рамз	[ramz]
virus (het)	вирус	[virus]
ontdekken (virus ~)	кашф кардан	[kaʃf kardan]

byte (de)	байт	[bajt]
megabyte (de)	мегабайт	[megabajt]
data (de)	маълумот	[ma'lumot]
databank (de)	манбаи маълумот	[manbai ma'lumot]
kabel (USB-~, enz.)	кабел	[kabel]
afsluiten (ww)	чудо кардан	[dʒudo kardan]
aansluiten op (ww)	васл кардан	[vasl kardan]

102. Internet. E-mail

internet (het)	интернет	[internet]
browser (de)	браузер	[brauzer]
zoekmachine (de)	манбаи чустучӯкунанда	[manbai dʒustudʒœkunanda]
internetprovider (de)	провайдер	[provajder]
webmaster (de)	веб-мастер	[veb-master]
website (de)	веб-сомона	[veb-somona]
webpagina (de)	веб-саҳифа	[veb-sahifa]
adres (het)	адрес, унвон	[adres], [unvon]
adresboek (het)	дафтари адресҳо	[daftari adresho]
postvak (het)	куттии почта	[qutti:i potʃta]
post (de)	почта	[potʃta]
vol (~ postvak)	пур	[pur]
bericht (het)	хабар	[xabar]
binnenkomende berichten (mv.)	хабари дароянда	[xabari darojanda]
uitgaande berichten (mv.)	хабари бароянда	[xabari barojanda]
verzender (de)	ирсолкунанда	[irsolkunanda]
verzenden (ww)	ирсол кардан	[irsol kardan]
verzending (de)	ирсол	[irsol]
ontvanger (de)	гиранда	[giranda]
ontvangen (ww)	гирифтан	[giriftan]
correspondentie (de)	мукотиба	[mukotiba]
corresponderen (met …)	мукотиба доштан	[mukotiba doʃtan]
bestand (het)	файл	[fajl]
downloaden (ww)	нусха бардоштан	[nusxa bardoʃtan]
creëren (ww)	сохтан	[soxtan]
verwijderen (een bestand ~)	нобуд кардан	[nobud kardan]
verwijderd (bn)	нобудшуда	[nobudʃuda]
verbinding (de)	алоқа	[aloqa]
snelheid (de)	суръат	[sur'at]
modem (de)	модем	[modem]
toegang (de)	даромадан	[daromadan]
poort (de)	порт	[port]

aansluiting (de)	пайвастан	[pajvastan]
zich aansluiten (ww)	пайваст шудан	[pajvast ʃudan]
selecteren (ww)	интихоб кардан	[intiχob kardan]
zoeken (ww)	ҷустан	[dʒustan]

103. Elektriciteit

elektriciteit (de)	барқ	[barq]
elektrisch (bn)	барқӣ	[barqi:]
elektriciteitscentrale (de)	стансияи барқӣ	[stansijai barqi:]
energie (de)	қувва, қувват	[quvva], [quvvat]
elektrisch vermogen (het)	қувваи электрикӣ	[kuvvai ɛlektriki:]
lamp (de)	лампача, чароғча	[lampatʃa], [tʃaroʁtʃa]
zaklamp (de)	фонуси дастӣ	[fonusi dasti:]
straatlantaarn (de)	фонуси кӯчагӣ	[fonusi kœtʃagi:]
licht (elektriciteit)	чароғ	[tʃaroʁ]
aandoen (ww)	даргирондан	[dargirondan]
uitdoen (ww)	куштан	[kuʃtan]
het licht uitdoen	чароғро куштан	[tʃaroʁro kuʃtan]
doorbranden (gloeilamp)	сухтан	[suχtan]
kortsluiting (de)	расиши кӯтоҳ	[rasiʃi kœtoh]
onderbreking (de)	канда шуданӣ	[kanda ʃudani:]
contact (het)	васл	[vasl]
schakelaar (de)	калидак	[kalidak]
stopcontact (het)	розетка	[rozetka]
stekker (de)	вилка	[vilka]
verlengsnoer (de)	удлинител	[udlinitel]
zekering (de)	пешгирикунанда	[peʃgirikunanda]
kabel (de)	сим	[sim]
bedrading (de)	сими барқ	[simi barq]
ampère (de)	ампер	[amper]
stroomsterkte (de)	қувваи барқ	[quvvai barq]
volt (de)	волт	[volt]
spanning (de)	шиддат	[ʃiddat]
elektrisch toestel (het)	асбоби барқӣ	[asbobi barqi:]
indicator (de)	индикатор	[indikator]
electricien (de)	барқчӣ	[barqtʃi:]
solderen (ww)	лаҳим кардан	[lahim kardan]
soldeerbout (de)	лаҳимкаш	[lahimkaʃ]
stroom (de)	барқ	[barq]

104. Gereedschappen

werktuig (stuk gereedschap)	абзор	[abzor]
gereedschap (het)	асбобу анчом	[asbobu andʒom]

uitrusting (de)	таҷҳизот	[tadʒhizot]
hamer (de)	болға́ча	[bolʁatʃa]
schroevendraaier (de)	мурваттоб	[murvattob]
bijl (de)	табар	[tabar]
zaag (de)	арра	[arra]
zagen (ww)	арра кардан	[arra kardan]
schaaf (de)	ранда	[randa]
schaven (ww)	ранда кардан	[randa kardan]
soldeerbout (de)	лаҳимкаш	[lahimkaʃ]
solderen (ww)	лаҳим кардан	[lahim kardan]
vijl (de)	сӯхон	[sœhon]
nijptang (de)	анбӯр	[anbœr]
combinatietang (de)	анбур	[anbur]
beitel (de)	искана	[iskana]
boorkop (de)	парма	[parma]
boormachine (de)	парма	[parma]
boren (ww)	парма кардан	[parma kardan]
mes (het)	корд	[kord]
zakmes (het)	корди катшаванда	[kordi katʃavanda]
knip- (abn)	катшаванда	[katʃavanda]
lemmet (het)	теғ, дам	[teʁ], [dam]
scherp (bijv. ~ mes)	тез	[tez]
bot (bn)	кунд	[kund]
bot raken (ww)	кунд шудан	[kund ʃudan]
slijpen (een mes ~)	тез кардан	[tez kardan]
bout (de)	болт	[bolt]
moer (de)	гайка	[gajka]
schroefdraad (de)	рахапеч	[raχapetʃ]
houtschroef (de)	мехи печдор	[meχi petʃdor]
nagel (de)	мех	[meχ]
kop (de)	сари мех	[sari meχ]
liniaal (de/het)	чадвал	[dʒadval]
rolmeter (de)	чентаноб	[tʃentanob]
waterpas (de/het)	уровен	[uroven]
loep (de)	лупа, пурбин	[lupa], [purbin]
meetinstrument (het)	асбоби ченкунй	[asbobi tʃenkuni:]
opmeten (ww)	чен кардан	[tʃen kardan]
schaal (meetschaal)	чадвал	[dʒadval]
gegevens (mv.)	нишондод	[niʃondod]
compressor (de)	компрессор	[kompressor]
microscoop (de)	микроскоп, заррабин	[mikroskop], [zarrabin]
pomp (de)	насос, обдуздак	[nasos], [obduzdak]
robot (de)	робот	[robot]
laser (de)	лазер	[lazer]
moersleutel (de)	калиди гайка	[kalidi gajka]

plakband (de)	скоч	[skotʃ]
lijm (de)	елим, шилм	[elim], [ʃilm]
schuurpapier (het)	коғази сунбода	[koʁazi sunboda]
veer (de)	пружин	[pruʒin]
magneet (de)	магнит, оҳанрабо	[magnit], [ohanrabo]
handschoenen (mv.)	дастпӯшак	[dastpœʃak]
touw (bijv. henneptouw)	арғамчин, таноб	[aʁʁamtʃin], [tanob]
snoer (het)	ресмон	[resmon]
draad (de)	сим	[sim]
kabel (de)	кабел	[kabel]
moker (de)	босқон	[bosqon]
breekijzer (het)	мисрон	[misron]
ladder (de)	зина, зинапоя	[zina], [zinapoja]
trapje (inklapbaar ~)	нардбонча	[nardbontʃa]
aanschroeven (ww)	тофтан, тоб додан	[toftan], [tob dodan]
losschroeven (ww)	тоб дода кушодан	[tob doda kuʃodan]
dichtpersen (ww)	фишурдан	[fiʃurdan]
vastlijmen (ww)	часпонидан	[tʃasponidan]
snijden (ww)	буридан	[buridan]
defect (het)	нодурустӣ, носозӣ	[nodurusti:], [nosozi:]
reparatie (de)	таъмир	[ta'mir]
repareren (ww)	таъмир кардан	[ta'mir kardan]
regelen (een machine ~)	танзим кардан	[tanzim kardan]
nakijken (ww)	тафтиш кардан	[taftiʃ kardan]
controle (de)	тафтиш	[taftiʃ]
gegevens (mv.)	нишондод	[niʃondod]
degelijk (bijv. ~ machine)	боэътимод	[boɛ'timod]
ingewikkeld (bn)	мураккаб	[murakkab]
roesten (ww)	занг задан	[zang zadan]
roestig (bn)	зангзада	[zangzada]
roest (de/het)	занг	[zang]

Vervoer

105. Vliegtuig

vliegtuig (het)	ҳавопаймо	[havopajmo]
vliegticket (het)	чиптаи ҳавопаймо	[tʃiptai havopajmo]
luchtvaartmaatschappij (de)	ширкати ҳавопаймой	[ʃirkati havopajmoi:]
luchthaven (de)	аэропорт	[aɛroport]
supersonisch (bn)	фавқуссадо	[favqussado]
gezagvoerder (de)	фармондеҳи киштӣ	[farmondehi kiʃti:]
bemanning (de)	экипаж	[ɛkipaʒ]
piloot (de)	сарнишин	[sarniʃin]
stewardess (de)	стюардесса	[stjuardessa]
stuurman (de)	штурман	[ʃturman]
vleugels (mv.)	қанот	[qanot]
staart (de)	дум	[dum]
cabine (de)	кабина	[kabina]
motor (de)	муҳаррик	[muharrik]
landingsgestel (het)	шассӣ	[ʃassi:]
turbine (de)	турбина	[turbina]
propeller (de)	пропеллер	[propeller]
zwarte doos (de)	қуттии сиёҳ	[qutti:i sijoh]
stuur (het)	суккон	[sukkon]
brandstof (de)	сӯзишворӣ	[sœziʃvori:]
veiligheidskaart (de)	дастурамали бехатарӣ	[dasturamali beχatari:]
zuurstofmasker (het)	ниқоби ҳавои тоза	[niqobi havoi toza]
uniform (het)	либоси расмӣ	[libosi rasmi:]
reddingsvest (de)	камзӯли наҷотдиҳанда	[kamzœli nadʒotdihanda]
parachute (de)	парашют	[paraʃjut]
opstijgen (het)	парвоз	[parvoz]
opstijgen (ww)	парвоз кардан	[parvoz kardan]
startbaan (de)	хати парвоз	[χati parvoz]
zicht (het)	софии ҳаво	[sofi:i havo]
vlucht (de)	парвоз	[parvoz]
hoogte (de)	баландӣ	[balandi:]
luchtzak (de)	чоҳи ҳаво	[tʃohi havo]
plaats (de)	ҷой	[dʒoj]
koptelefoon (de)	гӯшак, гӯшпӯшак	[gœʃak], [gœʃpœʃak]
tafeltje (het)	мизчаи вошаванда	[miztʃai voʃavanda]
venster (het)	иллюминатор	[illjuminator]
gangpad (het)	гузаргоҳ	[guzargoh]

106. Trein

trein (de)	поезд, қатор	[poezd], [qator]
elektrische trein (de)	қатораи барқӣ	[qatorai barqi:]
sneltrein (de)	қатораи тезгард	[qatorai tezgard]
diesellocomotief (de)	тепловоз	[teplovoz]
locomotief (de)	паровоз	[parovoz]
rijtuig (het)	вагон	[vagon]
restauratierijtuig (het)	вагон-ресторан	[vagon-restoran]
rails (mv.)	релсхо	[relsho]
spoorweg (de)	роҳи оҳан	[rohi ohan]
dwarsligger (de)	шпала	[ʃpala]
perron (het)	платформа	[platforma]
spoor (het)	роҳ	[roh]
semafoor (de)	семафор	[semafor]
halte (bijv. kleine treinhalte)	истгоҳ	[istgoh]
machinist (de)	мошинист	[moʃinist]
kruier (de)	ҳаммол	[hammol]
conducteur (de)	роҳбалад	[rohbalad]
passagier (de)	мусофир	[musofir]
controleur (de)	нозир	[nozir]
gang (in een trein)	коридор	[koridor]
noodrem (de)	стоп-кран	[stop-kran]
coupé (de)	купе	[kupe]
bed (slaapplaats)	кат	[kat]
bovenste bed (het)	кати боло	[kati bolo]
onderste bed (het)	кати поён	[kati pojon]
beddengoed (het)	чилдҳои болишту бистар	[dʒildhoi boliʃtu bistar]
kaartje (het)	билет	[bilet]
dienstregeling (de)	чадвал	[dʒadval]
informatiebord (het)	чадвал	[dʒadval]
vertrekken (De trein vertrekt ...)	дур шудан	[dur ʃudan]
vertrek (ov. een trein)	равон кардан	[ravon kardan]
aankomen (ov. de treinen)	омадан	[omadan]
aankomst (de)	омадан	[omadan]
aankomen per trein	бо қатора омадан	[bo qatora omadan]
in de trein stappen	ба қатора нишастан	[ba qatora niʃastan]
uit de trein stappen	фаромадан	[faromadan]
treinwrak (het)	садама	[sadama]
ontspoord zijn	аз релс баромадан	[az rels baromadan]
locomotief (de)	паровоз	[parovoz]
stoker (de)	алавмон	[alavmon]
stookplaats (de)	оташдон	[otaʃdon]
steenkool (de)	ангишт	[angiʃt]

107. Schip

schip (het)	киштӣ	[kiʃtiː]
vaartuig (het)	киштӣ	[kiʃtiː]
stoomboot (de)	пароход	[paroxod]
motorschip (het)	теплоход	[teploxod]
lijnschip (het)	лайнер	[lajner]
kruiser (de)	крейсер	[krejser]
jacht (het)	яхта	[jaxta]
sleepboot (de)	таноби ядак	[tanobi jadak]
duwbak (de)	баржа	[barʒa]
ferryboot (de)	паром	[parom]
zeilboot (de)	киштии бодбондор	[kiʃtiːi bodbondor]
brigantijn (de)	бригантина	[brigantina]
IJsbreker (de)	киштии яхшикан	[kiʃtiːi jaxʃikan]
duikboot (de)	киштии зериобӣ	[kiʃtiːi zeriobiː]
boot (de)	қаиқ	[qaiq]
sloep (de)	қаиқ	[qaiq]
reddingssloep (de)	завраҳи наҷот	[zavraqi nadʒot]
motorboot (de)	катер	[kater]
kapitein (de)	капитан	[kapitan]
zeeman (de)	баҳрчӣ, маллоҳ	[bahrtʃiː], [malloh]
matroos (de)	баҳрчӣ	[bahrtʃiː]
bemanning (de)	экипаж	[ɛkipaʒ]
bootsman (de)	ботсман	[botsman]
scheepsjongen (de)	маллоҳбача	[mallohbatʃa]
kok (de)	кок, ошпази киштӣ	[kok], [oʃpazi kiʃtiː]
scheepsarts (de)	духтури киштӣ	[duxturi kiʃtiː]
dek (het)	саҳни киштӣ	[sahni kiʃtiː]
mast (de)	сутуни киштӣ	[sutuni kiʃtiː]
zeil (het)	бодбон	[bodbon]
ruim (het)	таҳхонаи киштӣ	[tahxonai kiʃtiː]
voorsteven (de)	сари кишти	[sari kiʃti]
achtersteven (de)	думи киштӣ	[dumi kiʃtiː]
roeispaan (de)	бели завраҳ	[beli zavraq]
schroef (de)	винт	[vint]
kajuit (de)	каюта	[kajuta]
officierskamer (de)	каюткомпания	[kajut-kompanija]
machinekamer (de)	шӯъбаи мошинҳо	[ʃœ'bai moʃinho]
brug (de)	арша	[arʃa]
radiokamer (de)	радиохона	[radioxona]
radiogolf (de)	мавҷ	[mavdʒ]
logboek (het)	журнали киштӣ	[ʒurnali kiʃtiː]
verrekijker (de)	дурбин	[durbin]
klok (de)	ноқус, зангӯла	[noqus], [zangœla]

vlag (de)	байрак	[bajrak]
kabel (de)	арғамчини ғафс	[arʁamtʃini ʁafs]
knoop (de)	гиреҳ	[gireh]
trapleuning (de)	даста барои қапидан	[dasta baroi qapidan]
trap (de)	зинапоя	[zinapoja]
anker (het)	лангар	[langar]
het anker lichten	лангар бардоштан	[langar bardoʃtan]
het anker neerlaten	лангар андохтан	[langar andoχtan]
ankerketting (de)	занҷири лангар	[zandʒiri langar]
haven (bijv. containerhaven)	бандар	[bandar]
kaai (de)	ҷои киштибандӣ	[dʒoi kiʃtibandi:]
aanleggen (ww)	ба соҳил овардан	[ba sohil ovardan]
wegvaren (ww)	ҳаракат кардан	[harakat kardan]
reis (de)	саёҳат	[sajohat]
cruise (de)	круиз	[kruiz]
koers (de)	самт	[samt]
route (de)	маршрут	[marʃrut]
vaarwater (het)	маъбар	[ma'bar]
zandbank (de)	тунукоба	[tunukoba]
stranden (ww)	ба тунукоба шиштан	[ba tunukoba ʃiʃtan]
storm (de)	тӯфон, бӯрои	[tœfon], [bœroi]
signaal (het)	бонг, ишорат	[bong], [iʃorat]
zinken (ov. een boot)	ғарк шудан	[ʁark ʃudan]
Man overboord!	Одам дар об!	[odam dar ob]
SOS (noodsignaal)	SOS	[sos]
reddingsboei (de)	чамбари наҷот	[tʃambari nadʒot]

108. Vliegveld

luchthaven (de)	аэропорт	[aɛroport]
vliegtuig (het)	ҳавопаймо	[havopajmo]
luchtvaartmaatschappij (de)	ширкати ҳавопаймои	[ʃirkati havopajmoi:]
luchtverkeersleider (de)	диспечер	[dispetʃer]
vertrek (het)	парвоз	[parvoz]
aankomst (de)	парида омадан	[parida omadan]
aankomen (per vliegtuig)	парида омадан	[parida omadan]
vertrektijd (de)	вақти паридан	[vaqti paridan]
aankomstuur (het)	вақти шиштан	[vaqti ʃiʃtan]
vertraagd zijn (ww)	боздоштан	[bozdoʃtan]
vluchtvertraging (de)	боздоштани парвоз	[bozdoʃtani parvoz]
informatiebord (het)	тахтаи ахборот	[taχtai aχborot]
informatie (de)	ахборот	[aχborot]
aankondigen (ww)	эълон кардан	[ɛ'lon kardan]
vlucht (bijv. KLM ~)	сафар, рейс	[safar], [rejs]

douane (de)	гумрукхона	[gumrukxona]
douanier (de)	гумрукчӣ	[gumruktʃi:]
douaneaangifte (de)	декларатсияи гумрукӣ	[deklaratsijai gumruki:]
invullen (douaneaangifte ~)	пур кардан	[pur kardan]
een douaneaangifte invullen	пур кардани декларатсия	[pur kardani deklaratsija]
paspoortcontrole (de)	назорати шиносномa	[nazorati ʃinosnoma]
bagage (de)	бағоҷ, бор	[baʁodʒ], [bor]
handbagage (de)	бори дастӣ	[bori dasti:]
bagagekarretje (het)	аробаи боғочкашӣ	[arobai boʁotʃkaʃi:]
landing (de)	фуруд	[furud]
landingsbaan (de)	хати нишаст	[χati niʃast]
landen (ww)	нишастан	[niʃastan]
vliegtuigtrap (de)	зинапояи киштӣ	[zinapojai kiʃti:]
inchecken (het)	бақайдгирӣ	[baqajdgiri:]
incheckbalie (de)	қатори бақайдгирӣ	[qatori baqajdgiri:]
inchecken (ww)	қайд кунондан	[qajd kunondan]
instapkaart (de)	талони саворшавӣ	[taloni savorʃavi:]
gate (de)	баромадан	[baromadan]
transit (de)	транзит	[tranzit]
wachten (ww)	поидан	[poidan]
wachtzaal (de)	толори интизорӣ	[tolori intizori:]
begeleiden (uitwuiven)	гусел кардан	[gusel kardan]
afscheid nemen (ww)	падруд гуфтан	[padrud guftan]

Gebeurtenissen in het leven

109. Vakanties. Evenement

feest (het)	ид, чашн	[id], [dʒaʃn]
nationale feestdag (de)	иди миллӣ	[idi milli:]
feestdag (de)	рӯзи ид	[rœzi id]
herdenken (ww)	ид кардан	[id kardan]
gebeurtenis (de)	воқеа, ҳодиса	[voqea], [hodisa]
evenement (het)	чорабинӣ	[tʃorabini:]
banket (het)	зиёфати бошукӯҳ	[zijɔfati boʃukœh]
receptie (de)	қабул, зиёфат	[qabul], [zijɔfat]
feestmaal (het)	базм	[bazm]
verjaardag (de)	солгард, солагӣ	[solgard], [solagi:]
jubileum (het)	чашн	[dʒaʃn]
vieren (ww)	чашн гирифтан	[dʒaʃn giriftan]
Nieuwjaar (het)	Соли Нав	[soli nav]
Gelukkig Nieuwjaar!	Соли нав муборак!	[soli nav muborak]
Sinterklaas (de)	Бобои барфӣ	[boboi barfi:]
Kerstfeest (het)	Мавлуди Исо	[mavludi iso]
Vrolijk kerstfeest!	Иди мавлуд муборак!	[idi mavlud muborak]
kerstboom (de)	арчаи солинавӣ	[artʃai solinavi:]
vuurwerk (het)	салют	[saljut]
bruiloft (de)	тӯй, тӯйи арӯсӣ	[tœj], [tœji arœsi:]
bruidegom (de)	домод, домодшаванда	[domod], [domodʃavanda]
bruid (de)	арӯс	[arœs]
uitnodigen (ww)	даъват кардан	[da'vat kardan]
uitnodiging (de)	даъватнома	[da'vatnoma]
gast (de)	меҳмон	[mehmon]
op bezoek gaan	ба меҳмонӣ рафтан	[ba mehmoni: raftan]
gasten verwelkomen	қабули меҳмонҳо	[qabuli mehmonho]
geschenk, cadeau (het)	тӯҳфа	[tœhfa]
geven (iets cadeau ~)	бахшидан	[baxʃidan]
geschenken ontvangen	тухфа гирифтан	[tuhfa giriftan]
boeket (het)	дастаи гул	[dastai gul]
felicitaties (mv.)	муборакбод	[muborakbod]
feliciteren (ww)	муборакбод гуфтан	[muborakbod guftan]
wenskaart (de)	аткриткаи табрикӣ	[atkritkai tabriki:]
een kaartje versturen	фиристодани аткритка	[firistodani atkritka]
een kaartje ontvangen	аткритка гирифтан	[atkritka giriftan]

toast (de)	нӯшбод	[nœʃbod]
aanbieden (een drankje ~)	зиёфат кардан	[zijɔfat kardan]
champagne (de)	шампан	[ʃampan]
plezier hebben (ww)	хурсандӣ кардан	[xursandi: kardan]
plezier (het)	шодӣ, хурсандӣ	[ʃodi:], [xursandi:]
vreugde (de)	шодӣ	[ʃodi:]
dans (de)	ракс	[raks]
dansen (ww)	рақсидан	[raqsidan]
wals (de)	валс	[vals]
tango (de)	танго	[tango]

110. Begrafenissen. Begrafenis

kerkhof (het)	гӯристон, қабристон	[gœriston], [qabriston]
graf (het)	гӯр, кабр	[gœr], [kabr]
kruis (het)	салиб	[salib]
grafsteen (de)	санги қабр	[sangi qabr]
omheining (de)	панҷара	[pandʒara]
kapel (de)	калисои хурд	[kalisoi xurd]
dood (de)	марг	[marg]
sterven (ww)	мурдан	[murdan]
overledene (de)	раҳматӣ	[rahmati:]
rouw (de)	мотам	[motam]
begraven (ww)	гӯр кардан	[gœr kardan]
begrafenisonderneming (de)	бюрои дафнкунӣ	[bjuroi dafnkuni:]
begrafenis (de)	дафн, ҷаноза	[dafn], [dʒanoza]
krans (de)	гулчанбар	[gultʃanbar]
doodskist (de)	тобут	[tobut]
lijkwagen (de)	аробаи тобуткаш	[arobai tobutkaʃʃ]
lijkkleed (de)	кафан	[kafan]
begrafenisstoet (de)	ҷараёни дафнкунӣ	[dʒarajɔni dafnkuni:]
urn (de)	зарфи хокистари мурдаи сӯзондашуда	[zarfi xokistari murdai sœzondaʃuda]
crematorium (het)	хонаи мурдасӯзӣ	[xonai murdasœzi:]
overlijdensbericht (het)	таъзиянома	[ta'zijanoma]
huilen (wenen)	гиря кардан	[girja kardan]
snikken (huilen)	нолидан	[nolidan]

111. Oorlog. Soldaten

peloton (het)	взвод	[vzvod]
compagnie (de)	рота	[rota]
regiment (het)	полк	[pɔlk]
leger (armee)	армия, қӯшун	[armija], [qœʃun]

divisie (de)	дивизия	[divizija]
sectie (de)	даста	[dasta]
troep (de)	кӯшун	[qœʃun]
soldaat (militair)	аскар	[askar]
officier (de)	афсар	[afsar]
soldaat (rang)	аскари қаторӣ	[askari qatori:]
sergeant (de)	сержант	[serʒant]
luitenant (de)	лейтенант	[lejtenant]
kapitein (de)	капитан	[kapitan]
majoor (de)	майор	[majɔr]
kolonel (de)	полковник	[polkovnik]
generaal (de)	генерал	[general]
matroos (de)	баҳрчӣ	[bahrtʃi:]
kapitein (de)	капитан	[kapitan]
bootsman (de)	ботсман	[botsman]
artillerist (de)	артиллерися	[artillerisja]
valschermjager (de)	десантчӣ	[desanttʃi:]
piloot (de)	лётчик	[ljottʃik]
stuurman (de)	штурман	[ʃturman]
mecanicien (de)	механик	[meχanik]
sappeur (de)	сапёр	[sapjɔr]
parachutist (de)	парашютчӣ	[paraʃjuttʃi:]
verkenner (de)	разведкачӣ	[razvedkatʃi:]
scherpschutter (de)	мерган	[mergan]
patrouille (de)	посбон	[posbon]
patrouilleren (ww)	посбонӣ кардан	[posboni: kardan]
wacht (de)	посбон	[posbon]
krijger (de)	ҷанговар, аскар	[dʒangovar], [askar]
held (de)	қаҳрамон	[qahramon]
heldin (de)	қаҳрамонзан	[qahramonzan]
patriot (de)	ватандӯст	[vatandœst]
verrader (de)	хоин, хиёнаткор	[χoin], [χijɔnatkor]
verraden (ww)	хиёнат кардан	[χijɔnat kardan]
deserteur (de)	гуреза, фирорӣ	[gureza], [firori:]
deserteren (ww)	фирор кардан	[firor kardan]
huurling (de)	зархарид	[zarχarid]
rekruut (de)	аскари нав	[askari nav]
vrijwilliger (de)	довталаб	[dovtalab]
gedode (de)	кушташуда	[kuʃtaʃuda]
gewonde (de)	захмдор	[zaχmdor]
krijgsgevangene (de)	асир	[asir]

112. Oorlog. Militaire acties. Deel 1

oorlog (de)	ҷанг	[dʒang]
oorlog voeren (ww)	ҷангидан	[dʒangidan]
burgeroorlog (de)	ҷанги гражданӣ	[dʒangi graʒdani:]
achterbaks (bw)	аҳдшиканона	[ahdʃikanona]
oorlogsverklaring (de)	эълони ҷанг	[ɛ'loni dʒang]
verklaren (de oorlog ~)	эълон кардан	[ɛ'lon kardan]
agressie (de)	таҷовуз, агрессия	[tadʒovuz], [agressija]
aanvallen (binnenvallen)	ҳуҷум кардан	[hudʒum kardan]
binnenvallen (ww)	забт кардан	[zabt kardan]
invaller (de)	забткунанда	[zabtkunanda]
veroveraar (de)	забткунанда	[zabtkunanda]
verdediging (de)	мудофиа	[mudofia]
verdedigen (je land ~)	мудофиа кардан	[mudofia kardan]
zich verdedigen (ww)	худро мудофиа кардан	[χudro mudofia kardan]
vijand (de)	душман	[duʃman]
tegenstander (de)	рақиб	[raqib]
vijandelijk (bn)	... и душман	[i duʃman]
strategie (de)	стратегия	[strategija]
tactiek (de)	тактика	[taktika]
order (de)	фармон	[farmon]
bevel (het)	фармон	[farmon]
bevelen (ww)	фармон додан	[farmon dodan]
opdracht (de)	супориш	[suporiʃ]
geheim (bn)	пинҳонӣ	[pinhoni:]
veldslag (de)	ҷанг	[dʒang]
strijd (de)	муҳориба	[muhoriba]
aanval (de)	ҳамла	[hamla]
bestorming (de)	ҳуҷум	[hudʒum]
bestormen (ww)	ҳуҷуми қатъӣ кардан	[hudʒumi qat'i: kardan]
bezetting (de)	муҳосира	[muhosira]
aanval (de)	ҳуҷум	[hudʒum]
in het offensief te gaan	ҳуҷум кардан	[hudʒum kardan]
terugtrekking (de)	ақибнишинӣ	[aqibniʃini:]
zich terugtrekken (ww)	ақиб гаштан	[aqib gaʃtan]
omsingeling (de)	муҳосира, иҳота	[muhosira], [ihota]
omsingelen (ww)	муҳосира кардан	[muhosira kardan]
bombardement (het)	бомбаандозӣ	[bombaandozi:]
een bom gooien	бомба партофтан	[bomba partoftan]
bombarderen (ww)	бомбаборон кардан	[bombaboron kardan]
ontploffing (de)	таркиш, таркидан	[tarkiʃ], [tarkidan]
schot (het)	тир, тирпаррони	[tir], [tirparroni:]

een schot lossen	тир паррондан	[tir parrondan]
schieten (het)	тирпаррони́	[tirparroni:]
mikken op (ww)	нишон гирифтан	[niʃon giriftan]
aanleggen (een wapen ~)	рост кардан	[rost kardan]
treffen (doelwit ~)	задан	[zadan]
zinken (tot zinken brengen)	ғарқ кардан	[ʁarq kardan]
kogelgat (het)	сӯрох	[sœrox]
zinken (gezonken zijn)	ғарқ шудан	[ʁarq ʃudan]
front (het)	фронт, ҷабха	[front], [dʒabxa]
evacuatie (de)	тахлия	[taxlija]
evacueren (ww)	тахлия кардан	[taxlija kardan]
loopgraaf (de)	хандақ	[xandaq]
prikkeldraad (de)	симхор	[simxor]
verdedigingsobstakel (het)	садд	[sadd]
wachttoren (de)	бурчи дидбони́	[burtʃi didboni:]
hospitaal (het)	беморхонаи ҳарби́	[bemorxonai harbi:]
verwonden (ww)	захмдор кардан	[zaxmdor kardan]
wond (de)	захм, реш	[zaxm], [reʃ]
gewonde (de)	захмдор	[zaxmdor]
gewond raken (ww)	захм бардоштан	[zaxm bardoʃtan]
ernstig (~e wond)	вазнин	[vaznin]

113. Oorlog. Militaire acties. Deel 2

krijgsgevangenschap (de)	асири́	[asiri:]
krijgsgevangen nemen	асир гирифтан	[asir giriftan]
krijgsgevangene zijn	дар асири́ будан	[dar asiri: budan]
krijgsgevangen genomen worden	асир афтидан	[asir aftidan]
concentratiekamp (het)	лагери консентратсиони́	[lageri konsentratsioni:]
krijgsgevangene (de)	асир	[asir]
vluchten (ww)	гурехтан	[gurextan]
verraden (ww)	хиёнат кардан	[xijɔnat kardan]
verrader (de)	хоин, хиёнаткор	[xoin], [xijɔnatkor]
verraad (het)	хиёнат, хоини́	[xijɔnat], [xoini:]
fusilleren (executeren)	тирборон кардан	[tirboron kardan]
executie (de)	тирборон	[tirboron]
uitrusting (de)	либоси ҳарби́	[libosi harbi:]
schouderstuk (het)	пагон	[pagon]
gasmasker (het)	ниқоби зидди газ	[niqobi ziddi gaz]
portofoon (de)	ратсия	[ratsija]
geheime code (de)	рамз	[ramz]
samenzwering (de)	пинхонкуни́	[pinhonkuni:]
wachtwoord (het)	рамз	[ramz]

mijn (landmijn)	мина	[mina]
ondermijnen (legden mijnen)	мина гузоштан	[mina guzoʃtan]
mijnenveld (het)	майдони минадор	[majdoni minador]
luchtalarm (het)	бонги хатари ҳавой	[bongi χatari havoi:]
alarm (het)	бонги хатар	[bongi χatar]
signaal (het)	бонг, ишорат	[bong], [iʃorat]
vuurpijl (de)	ракетаи хабардиҳанда	[raketai χabardihanda]
staf (generale ~)	штаб	[ʃtab]
verkenningstocht (de)	разведкачиён	[razvedkatʃijon]
toestand (de)	вазъият	[vaz'ijat]
rapport (het)	гузориш, рапорт	[guzoriʃ], [raport]
hinderlaag (de)	камин	[kamin]
versterking (de)	мадади ҳарбй	[madadi harbi:]
doel (bewegend ~)	ҳадаф, нишон	[hadaf], [niʃon]
proefterrein (het)	майдони тирандозй	[majdoni tirandozi:]
manoeuvres (mv.)	манёвр	[manjɔvr]
paniek (de)	воҳима	[vohima]
verwoesting (de)	ҳародй	[χarodi:]
verwoestingen (mv.)	харобазор	[χarobazor]
verwoesten (ww)	харод кардан	[χarod kardan]
overleven (ww)	зинда мондан	[zinda mondan]
ontwapenen (ww)	беярок кардан	[bejarok kardan]
behandelen (een pistool ~)	кор фармудан	[kor farmudan]
Geeft acht!	Ором!	[orom]
Op de plaats rust!	Озод!	[ozod]
heldendaad (de)	корнома	[kornoma]
eed (de)	қасам	[qasam]
zweren (een eed doen)	қасам хурдан	[qasam χurdan]
decoratie (de)	мукофот	[mukofot]
onderscheiden (een ereteken geven)	мукофот додан	[mukofot dodan]
medaille (de)	медал	[medal]
orde (de)	орден, нишон	[orden], [niʃon]
overwinning (de)	ғалаба	[ʁalaba]
verlies (het)	шикаст хӯрдан	[ʃikast χœrdan]
wapenstilstand (de)	сулҳи муваққати	[sulhi muvakqati]
wimpel (vaandel)	байрақ	[bajraq]
roem (de)	шараф, шӯҳрат	[ʃaraf], [ʃœhrat]
parade (de)	расмигузашт	[rasmiguzaʃt]
marcheren (ww)	қадамзании низомӣ	[qadamzani:i nizomi:]

114. Wapens

wapens (mv.)	ярок, силоҳ	[jaroq], [siloh]
vuurwapens (mv.)	аслиҳаи оташфишон	[aslihai otaʃfiʃon]

koude wapens (mv.)	яроқи беоташ	[jaroqi beotaʃ]
chemische wapens (mv.)	силоҳи химиявӣ	[silohi χimijavi:]
kern-, nucleair (bn)	… и ядро, ядрой	[i jadro], [jadroi:]
kernwapens (mv.)	аслиҳаи ядрой	[aslihai jadroi:]
bom (de)	бомба	[bomba]
atoombom (de)	бомбаи атомӣ	[bombai atomi:]
pistool (het)	тапонча	[tapontʃa]
geweer (het)	милтиқ	[miltiq]
machinepistool (het)	автомат	[avtomat]
machinegeweer (het)	пулемёт	[pulemjot]
loop (schietbuis)	даҳони мил	[dahoni mil]
loop (bijv. geweer met kortere ~)	мил	[mil]
kaliber (het)	калибр	[kalibr]
trekker (de)	куланги силоҳи оташфишон	[kulangi silohi otaʃfiʃon]
korrel (de)	нишон	[niʃon]
magazijn (het)	тирдон	[tirdon]
geweerkolf (de)	қундоқ	[qundoq]
granaat (handgranaat)	гранатаи дастӣ	[granatai dasti:]
explosieven (mv.)	моддаи тарканда	[moddai tarkanda]
kogel (de)	тир	[tir]
patroon (de)	тир	[tir]
lading (de)	заряд	[zarjad]
ammunitie (de)	лавозимоти ҷангӣ	[lavozimoti dʒangi:]
bommenwerper (de)	самолёти бомбаандоз	[samoljoti bombaandoz]
straaljager (de)	қирқунанда	[qirkunanda]
helikopter (de)	вертолёт	[vertoljot]
afweergeschut (het)	тӯпи зенитӣ	[tœpi zeniti:]
tank (de)	танк	[tank]
kanon (tank met een ~ van 76 mm)	тӯп	[tœp]
artillerie (de)	артиллерия	[artillerija]
kanon (het)	тӯп	[tœp]
aanleggen (een wapen ~)	рост кардан	[rost kardan]
projectiel (het)	тир, тири тӯп	[tir], [tiri tœp]
mortiergranaat (de)	минаи миномёт	[minai minomjot]
mortier (de)	миномёт	[minomjot]
granaatscherf (de)	тикка	[tikka]
duikboot (de)	киштии зериобӣ	[kiʃti:i zeriobi:]
torpedo (de)	торпеда	[torpeda]
raket (de)	ракета	[raketa]
laden (geweer, kanon)	тир пур кардан	[tir pur kardan]
schieten (ww)	тир задан	[tir zadan]

richten op (mikken)	нишон гирифтан	[niʃon giriftan]
bajonet (de)	найза	[najza]
degen (de)	шамшер	[ʃamʃer]
sabel (de)	шамшер, шоф	[ʃamʃer], [ʃof]
speer (de)	найза	[najza]
boog (de)	камон	[kamon]
pijl (de)	тир	[tir]
musket (de)	туфанг	[tufang]
kruisboog (de)	камон, камонғулак	[kamon], [kamonʁœlak]

115. Oude mensen

primitief (bn)	ибтидой	[ibtidoi:]
voorhistorisch (bn)	пеш аз таърих	[peʃ az ta'rix]
eeuwenoude (~ beschaving)	қадим	[qɑdim]
Steentijd (de)	Асри сангин	[asri sangin]
Bronstijd (de)	Давраи биринҷӣ	[davrai birindʒi:]
IJstijd (de)	Давраи яхбандй	[davrai jaχbandi:]
stam (de)	қабила	[qabila]
menseneter (de)	одамхӯр	[odamχœr]
jager (de)	шикорчй	[ʃikortʃi:]
jagen (ww)	шикор кардан	[ʃikor kardan]
mammoet (de)	мамонт	[mamont]
grot (de)	ғор	[ʁor]
vuur (het)	оташ	[otaʃ]
kampvuur (het)	гулхан	[gulχan]
rotstekening (de)	нақшҳои рӯйи санг	[naqʃhoi rœji sang]
werkinstrument (het)	олати меҳнат	[olati mehnat]
speer (de)	найза	[najza]
stenen bijl (de)	табари сангин	[tabari sangin]
oorlog voeren (ww)	ҷангидан	[dʒangidan]
temmen (bijv. wolf ~)	дастомӯз кардан	[dastomœz kardan]
idool (het)	бут, санам	[but], [sanam]
aanbidden (ww)	парастидан	[parastidan]
bijgeloof (het)	хурофот	[χurofot]
ritueel (het)	расм, маросим	[rasm], [marosim]
evolutie (de)	таҳаввул	[tahavvul]
ontwikkeling (de)	пешравй	[peʃravi:]
verdwijning (de)	нест шудан	[nest ʃudan]
zich aanpassen (ww)	мувофиқат кардан	[muvofiqat kardan]
archeologie (de)	археология	[arχeologija]
archeoloog (de)	археолог	[arχeolog]
archeologisch (bn)	археологӣ	[arχeologi:]
opgravingsplaats (de)	ҳафриёт	[hafrijot]
opgravingen (mv.)	ҳафриёт	[hafrijot]

vondst (de)	бозёфт	[bozjɔft]
fragment (het)	порча	[pɔrt͡ʃa]

116. Middeleeuwen

volk (het)	халқ	[χalq]
volkeren (mv.)	халқҳо	[χalqho]
stam (de)	қабила	[qabila]
stammen (mv.)	қабилаҳо	[qabilaho]
barbaren (mv.)	барбарҳо	[barbarho]
Galliërs (mv.)	галлҳо	[gallho]
Goten (mv.)	готҳо	[gotho]
Slaven (mv.)	сақлоб	[saqlob]
Vikings (mv.)	викингҳо	[vikingho]
Romeinen (mv.)	румиҳо	[rumiho]
Romeins (bn)	... и Рим, римӣ	[i rim], [rimi:]
Byzantijnen (mv.)	византиягиҳо	[vizantijagiho]
Byzantium (het)	Византия	[vizantija]
Byzantijns (bn)	византиягӣ	[vizantijagi:]
keizer (bijv. Romeinse ~)	император	[imperator]
opperhoofd (het)	пешво, роҳбар	[peʃvo], [rohbar]
machtig (bn)	тавоно	[tavono]
koning (de)	шоҳ	[ʃoh]
heerser (de)	ҳукмдор	[hukmdor]
ridder (de)	баҳодур	[bahodur]
feodaal (de)	феодал	[feodal]
feodaal (bn)	феодалӣ	[feodali:]
vazal (de)	вассал	[vassal]
hertog (de)	гертсог	[gertsog]
graaf (de)	граф	[graf]
baron (de)	барон	[baron]
bisschop (de)	епископ	[episkop]
harnas (het)	либосу аслиҳаи чангӣ	[libosu aslihai t͡ʃangi:]
schild (het)	сипар	[sipar]
zwaard (het)	шамшер	[ʃamʃer]
vizier (het)	рӯйпӯши тоскулоҳ	[rœjpœʃi toskuloh]
maliënkolder (de)	зиреҳ	[zireh]
kruistocht (de)	юриши салибдорон	[juriʃi salibdoron]
kruisvaarder (de)	салибдор	[salibdor]
gebied (bijv. bezette ~en)	ҳок	[χok]
aanvallen (binnenvallen)	ҳучум кардан	[hud͡ʒum kardan]
veroveren (ww)	забт кардан	[zabt kardan]
innemen (binnenvallen)	ғасб кардан	[ʁasb kardan]
bezetting (de)	муҳосира	[muhosira]
bezet (bn)	муҳосирашуда	[muhosiraʃuda]

belegeren (ww)	муҳосира кардан	[muhosira kardan]
inquisitie (de)	инквизитсия	[inkvizitsija]
inquisiteur (de)	инквизитор	[inkvizitor]
foltering (de)	шиканҷа	[ʃikandʒa]
wreed (bn)	бераҳм	[berahm]
ketter (de)	бидъаткор	[bid'atkor]
ketterij (de)	бидъат	[bid'at]
zeevaart (de)	баҳрнавардӣ	[bahrnavardi:]
piraat (de)	роҳзани баҳрӣ	[rohzani bahri:]
piraterij (de)	роҳзании баҳрӣ	[rohzani:i bahri:]
enteren (het)	абордаж	[abordaʒ]
buit (de)	сайд, ғанимат	[sajd], [ʁanimat]
schatten (mv.)	ганҷ	[gandʒ]
ontdekking (de)	кашф	[kaʃf]
ontdekken (bijv. nieuw land)	кашф кардан	[kaʃf kardan]
expeditie (de)	экспедитсия	[ɛkspeditsija]
musketier (de)	туфангдор	[tufangdor]
kardinaal (de)	кардинал	[kardinal]
heraldiek (de)	гербшиносӣ	[gerbʃinosi:]
heraldisch (bn)	... и гербшиносӣ	[i gerbʃinosi:]

117. Leider. Baas. Autoriteiten

koning (de)	шоҳ	[ʃoh]
koningin (de)	малика	[malika]
koninklijk (bn)	шоҳӣ, ... и шоҳ	[ʃohi:], [i ʃoh]
koninkrijk (het)	шоҳигарӣ	[ʃohigari:]
prins (de)	шоҳзода	[ʃohzoda]
prinses (de)	шоҳдухтар	[ʃohduxtar]
president (de)	президент	[prezident]
vicepresident (de)	ноиб-президент	[noib-prezident]
senator (de)	сенатор	[senator]
monarch (de)	монарх, подшоҳ	[monarx], [podʃoh]
heerser (de)	ҳукмдор	[hukmdor]
dictator (de)	ҳукмфармо	[hukmfarmo]
tiran (de)	мустабид	[mustabid]
magnaat (de)	магнат	[magnat]
directeur (de)	директор, мудир	[direktor], [mudir]
chef (de)	сардор	[sardor]
beheerder (de)	идоракунанда	[idorakunanda]
baas (de)	хӯҷаин, саркор	[xœdʒain], [sarkor]
eigenaar (de)	соҳиб, хӯҷаин	[sohib], [xœdʒain]
leider (de)	сарвар, роҳбар	[sarvar], [rohbar]
hoofd (bijv. ~ van de delegatie)	сардор	[sardor]
autoriteiten (mv.)	ҳукумат	[hukumat]

superieuren (mv.)	сардорон	[sardoron]
gouverneur (de)	губернатор	[gubernator]
consul (de)	консул	[konsul]
diplomaat (de)	дипломат	[diplomat]
burgemeester (de)	мир	[mir]
sheriff (de)	шериф	[ʃerif]

keizer (bijv. Romeinse ~)	император	[imperator]
tsaar (de)	шоҳ	[ʃoh]
farao (de)	фиръавн	[fir'avn]
kan (de)	хон	[xon]

118. De wet overtreden. Criminelen. Deel 1

bandiet (de)	роҳзан	[rohzan]
misdaad (de)	ҷиноят	[dʒinojat]
misdadiger (de)	ҷинояткор	[dʒinojatkor]

dief (de)	дузд	[duzd]
stelen (ww)	дуздидан	[duzdidan]
stelen (de)	дузди́	[duzdi:]
diefstal (de)	ғорат	[ʁorat]

kidnappen (ww)	дуздидан	[duzdidan]
kidnapping (de)	одамдузди́	[odamduzdi:]
kidnapper (de)	одамдузд	[odamduzd]

losgeld (het)	фидия	[fidija]
eisen losgeld (ww)	фидия талаб кардан	[fidija talab kardan]

overvallen (ww)	ғорат кардан	[ʁorat kardan]
overval (de)	ғорат	[ʁorat]
overvaller (de)	ғоратгар	[ʁoratgar]

afpersen (ww)	тамаъ ҷустан	[tama' dʒustan]
afperser (de)	тамаъкор	[tama'kor]
afpersing (de)	тамаъҷӯи́	[tama'dʒœi:]

vermoorden (ww)	куштан	[kuʃtan]
moord (de)	қатл, куштор	[qatl], [kuʃtor]
moordenaar (de)	кушанда	[kuʃanda]

schot (het)	тир, тирпаррони́	[tir], [tirparroni:]
een schot lossen	тир паррондан	[tir parrondan]
neerschieten (ww)	паррондан	[parrondan]
schieten (ww)	тир задан	[tir zadan]
schieten (het)	тирандози́	[tirandozi:]

ongeluk (gevecht, enz.)	ҳодиса	[hodisa]
gevecht (het)	занозани́	[zanozani:]
Help!	Ёри диҳед!	[jori dihed]
slachtoffer (het)	қурбони́, қурбон	[qurboni:], [qurbon]
beschadigen (ww)	осеб расонидан	[oseb rasonidan]
schade (de)	зарар	[zarar]

lijk (het)	ҷасад	[dʒasad]
zwaar (~ misdrijf)	вазнин	[vaznin]
aanvallen (ww)	хуҷум кардан	[hudʒum kardan]
slaan (iemand ~)	задан	[zadan]
in elkaar slaan (toetakelen)	лату кӯб кардан	[latu kœb kardan]
ontnemen (beroven)	кашида гирифтан	[kaʃida giriftan]
steken (met een mes)	сар буридан	[sar buridan]
verminken (ww)	маъюб кардан	[ma'jub kardan]
verwonden (ww)	захмдор кардан	[zaχmdor kardan]
chantage (de)	таҳдид	[tahdid]
chanteren (ww)	таҳдид кардан	[tahdid kardan]
chanteur (de)	таҳдидгар	[tahdidgar]
afpersing (de)	рэкет	[rɛket]
afperser (de)	рэкетчӣ	[rɛkettʃi:]
gangster (de)	роҳзан, ғоратгар	[rohzan], [ʁoratgar]
maffia (de)	мафия	[mafija]
kruimeldief (de)	кисабур	[kisabur]
inbreker (de)	дузди қулфшикан	[duzdi qulfʃikan]
smokkelen (het)	қочоқчигӣ	[qotʃoqtʃigi:]
smokkelaar (de)	қочоқчӣ	[qotʃoqtʃi:]
namaak (de)	сохтакорӣ	[soχtakori:]
namaken (ww)	сохтакорӣ кардан	[soχtakori: kardan]
namaak-, vals (bn)	қалбакӣ	[qalbaqi:]

119. De wet overtreden. Criminelen. Deel 2

verkrachting (de)	таҷовуз ба номус	[tadʒovuz ba nomus]
verkrachten (ww)	ба номус таҷовуз кардан	[ba nomus tadʒovuz kardan]
verkrachter (de)	зӯрикунанда	[zœrikunanda]
maniak (de)	васвосӣ, савдой	[vasvosi:], [savdoi:]
prostituee (de)	фоҳиша	[fohiʃa]
prostitutie (de)	фоҳишагӣ	[fohiʃagi:]
pooier (de)	занчаллоб	[zandʒallob]
drugsverslaafde (de)	нашъаманд	[naʃ'amand]
drugshandelaar (de)	нашъачаллоб	[naʃ'adʒallob]
opblazen (ww)	таркондан	[tarkondan]
explosie (de)	таркиш, таркидан	[tarkiʃ], [tarkidan]
in brand steken (ww)	оташ задан	[otaʃ zadan]
brandstichter (de)	оташзананда	[otaʃzananda]
terrorisme (het)	терроризм	[terrorizm]
terrorist (de)	террорчӣ	[terrortʃi:]
gijzelaar (de)	шахси гаравӣ, гаравгон	[ʃaχsi garavi:], [garavgon]
bedriegen (ww)	фиреб додан, фирефтан	[fireb dodan], [fireftan]
bedrog (het)	фиреб	[fireb]

oplichter (de)	фиребгар	[firebgar]
omkopen (ww)	пора додан	[pora dodan]
omkoperij (de)	пора додан	[pora dodan]
smeergeld (het)	пора, ришва	[pora], [riʃva]
vergif (het)	заҳр	[zahr]
vergiftigen (ww)	заҳр додан	[zahr dodan]
vergif innemen (ww)	заҳр хӯрдан	[zahr χœrdan]
zelfmoord (de)	худкушӣ	[χudkuʃiː]
zelfmoordenaar (de)	худкуш	[χudkuʃ]
bedreigen (bijv. met een pistool)	дӯғ задан	[dœʁ zadan]
bedreiging (de)	дӯғ, пӯписа	[dœʁ], [pœpisa]
een aanslag plegen	суиқасд кардан	[suiqasd kardan]
aanslag (de)	суиқасд	[suiqasd]
stelen (een auto)	дуздидан	[duzdidan]
kapen (een vliegtuig)	дуздидан	[duzdidan]
wraak (de)	интиқом	[intiqom]
wreken (ww)	интиқом гирифтан	[intiqom giriftan]
martelen (gevangenen)	шиканҷа кардан	[ʃikandʒa kardan]
foltering (de)	шиканҷа	[ʃikandʒa]
folteren (ww)	азоб додан	[azob dodan]
piraat (de)	роҳзани баҳрӣ	[rohzani bahriː]
straatschender (de)	бадахлоқ	[badaχloq]
gewapend (bn)	мусаллаҳ	[musallah]
geweld (het)	таҷовуз	[tadʒovuz]
onwettig (strafbaar)	ғайрилегалӣ	[ʁajrilegaliː]
spionage (de)	ҷосусӣ	[dʒosusiː]
spioneren (ww)	ҷосусӣ кардан	[dʒosusiː kardan]

120. Politie. Wet. Deel 1

gerecht (het)	адлия	[adlija]
gerechtshof (het)	суд	[sud]
rechter (de)	довар	[dovar]
jury (de)	суди халқӣ	[sudi χalqiː]
juryrechtspraak (de)	суди касамиён	[sudi kasamijon]
berechten (ww)	суд кардан	[sud kardan]
advocaat (de)	адвокат, ҳимоягар	[advokat], [himojagar]
beklaagde (de)	айбдор	[ajbdor]
beklaagdenbank (de)	курсии судшаванда	[kursiːi sudʃavanda]
beschuldiging (de)	айбдоркунӣ	[ajbdorkuniː]
beschuldigde (de)	айбдоршаванда	[ajbdorʃavanda]
vonnis (het)	ҳукм, ҳукмнома	[hukm], [hukmnoma]

veroordelen (in een rechtszaak)	ҳукм кардан	[hukm kardan]
schuldige (de)	гунаҳкор, айбдор	[gunahkor], [ajbdor]
straffen (ww)	ҷазо додан	[dʒazo dodan]
bestraffing (de)	ҷазо	[dʒazo]
boete (de)	ҷарима	[dʒarima]
levenslange opsluiting (de)	ҳабси якумрӣ	[habsi jakumri:]
doodstraf (de)	ҷазои қатл	[dʒazoi qatl]
elektrische stoel (de)	курсии барқӣ	[kursi:i barqi:]
schavot (het)	дор	[dor]
executeren (ww)	қатл кардан	[qatl kardan]
executie (de)	ҳукми куш	[hukmi kuʃ]
gevangenis (de)	маҳбас	[mahbas]
cel (de)	камера	[kamera]
konvooi (het)	қаравулон	[qaravulon]
gevangenisbewaker (de)	назоратчии ҳабсхона	[nazorattʃi:i habsxona]
gedetineerde (de)	маҳбус	[mahbus]
handboeien (mv.)	дастбанд	[dastband]
handboeien omdoen	ба даст кишан андохтан	[ba dast kiʃan andoxtan]
ontsnapping (de)	гурез	[gurez]
ontsnappen (ww)	гурехтан	[gurextan]
verdwijnen (ww)	гум шудан	[gum ʃudan]
vrijlaten (uit de gevangenis)	озод кардан	[ozod kardan]
amnestie (de)	амнистия, афви умумӣ	[amnistija], [afvi umumi:]
politie (de)	полис	[polis]
politieagent (de)	полис	[polis]
politiebureau (het)	милисахона	[milisaxona]
knuppel (de)	чӯбдасти резинӣ	[tʃœbdasti rezini:]
megafoon (de)	баландгӯяк	[balandgœjak]
patrouilleerwagen (de)	мошини дидбонӣ	[moʃini didboni:]
sirene (de)	бурғу	[burʁu]
de sirene aansteken	даргиронидани сирена	[dargironidani sirena]
geloei (het) van de sirene	ҳуввоси сирена	[huvvosi sirena]
plaats delict (de)	ҷойи ҷиноят	[dʒoji dʒinojat]
getuige (de)	шоҳид	[ʃohid]
vrijheid (de)	озодӣ	[ozodi:]
handlanger (de)	шарик	[ʃarik]
ontvluchten (ww)	паноҳ шудан	[panoh ʃudan]
spoor (het)	пай	[paj]

121. Politie. Wet. Deel 2

opsporing (de)	ҷустуҷӯ	[dʒustudʒœ]
opsporen (ww)	ҷустуҷӯ кардан	[dʒustudʒœ kardan]
verdenking (de)	шубҳа	[ʃubha]

verdacht (bn)	шубҳанок	[ʃubhanok]
aanhouden (stoppen)	нигоҳ доштан	[nigoh doʃtan]
tegenhouden (ww)	дастгир кардан	[dastgir kardan]
strafzaak (de)	кори ҷиноятӣ	[kori dʒinojati:]
onderzoek (het)	тафтиш	[taftiʃ]
detective (de)	муфаттиши махфӣ	[mufattiʃi maxfi:]
onderzoeksrechter (de)	муфаттиш	[mufattiʃ]
versie (de)	версия	[versija]
motief (het)	ангеза	[angeza]
verhoor (het)	истинток кардан	[istintok kardan]
ondervragen (door de politie)	истинток	[istintok]
ondervragen (omstanders ~)	райпурсӣ кардан	[rajpursi: kardan]
controle (de)	тафтиш	[taftiʃ]
razzia (de)	муҳосира, иҳота	[muhosira, ihota]
huiszoeking (de)	кофтуков	[koftukov]
achtervolging (de)	таъқиб	[ta'qib]
achtervolgen (ww)	таъқиб кардан	[ta'qib kardan]
opsporen (ww)	поидан	[poidan]
arrest (het)	ҳабс	[habs]
arresteren (ww)	ҳабс кардан	[habs kardan]
vangen, aanhouden (een dief, enz.)	дастгир кардан	[dastgir kardan]
aanhouding (de)	дастгир карданӣ	[dastgir kardani:]
document (het)	ҳуҷҷат, санад	[hudʒdʒat], [sanad]
bewijs (het)	исбот	[isbot]
bewijzen (ww)	исбот кардан	[isbot kardan]
voetspoor (het)	из, пай	[iz], [paj]
vingerafdrukken (mv.)	нақши ангуштон	[naqʃi anguʃton]
bewijs (het)	далел	[dalel]
alibi (het)	алиби	[alibi]
onschuldig (bn)	бегуноҳ, беайб	[begunoh], [beajb]
onrecht (het)	беадолатӣ	[beadolati:]
onrechtvaardig (bn)	беинсоф	[beinsof]
crimineel (bn)	ҷиноятӣ	[dʒinojati:]
confisqueren (in beslag nemen)	мусодира кардан	[musodira kardan]
drug (de)	маводи нашъадор	[mavodi naʃador]
wapen (het)	яроқ	[jaroq]
ontwapenen (ww)	беяроқ кардан	[bejaroq kardan]
bevelen (ww)	фармон додан	[farmon dodan]
verdwijnen (ww)	гум шудан	[gum ʃudan]
wet (de)	қонун	[qonun]
wettelijk (bn)	конунӣ, ... и конун	[konuni:], [i konun]
onwettelijk (bn)	ғайриқонунӣ	[ʁajriqonuni:]
verantwoordelijkheid (de)	ҷавобгарӣ	[dʒavobgari:]
verantwoordelijk (bn)	ҷавобгар	[dʒavobgar]

NATUUR

De Aarde. Deel 1

122. De kosmische ruimte

kosmos (de)	кайҳон	[kajhon]
kosmisch (bn)	... и кайҳон	[i kajhon]
kosmische ruimte (de)	фазои кайҳон	[fazoi kajhon]
wereld (de)	ҷаҳон	[dʒahon]
heelal (het)	коинот	[koinot]
sterrenstelsel (het)	галактика	[galaktika]
ster (de)	ситора	[sitora]
sterrenbeeld (het)	бурҷ	[burdʒ]
planeet (de)	сайёра	[sajjɔra]
satelliet (de)	радиф	[radif]
meteoriet (de)	метеорит, шиҳобпора	[meteorit], [ʃihobpora]
komeet (de)	ситораи думдор	[sitorai dumdor]
asteroïde (de)	астероид	[asteroid]
baan (de)	мадор	[mador]
draaien (om de zon, enz.)	давр задан	[davr zadan]
atmosfeer (de)	атмосфера	[atmosfera]
Zon (de)	Офтоб	[oftob]
zonnestelsel (het)	манзумаи шамсӣ	[manzumai ʃamsi:]
zonsverduistering (de)	гирифтани офтоб	[giriftani oftob]
Aarde (de)	Замин	[zamin]
Maan (de)	Моҳ	[moh]
Mars (de)	Миррих	[mirrix]
Venus (de)	Зӯҳра, Ноҳид	[zœhra], [nohid]
Jupiter (de)	Муштарӣ	[muʃtari:]
Saturnus (de)	Кайвон	[kajvon]
Mercurius (de)	Уторид	[utorid]
Uranus (de)	Уран	[uran]
Neptunus (de)	Нептун	[neptun]
Pluto (de)	Плутон	[pluton]
Melkweg (de)	Роҳи Каҳкашон	[rohi kahkaʃon]
Grote Beer (de)	Дубби Акбар	[dubbi akbar]
Poolster (de)	Ситораи қутбӣ	[sitorai qutbi:]
marsmannetje (het)	миррихӣ	[mirrixi:]
buitenaards wezen (het)	инопланетянҳо	[inoplanetjanho]

bovenaards (het)	махлуқи кайҳонӣ	[maχluqi: kajhoni:]
vliegende schotel (de)	табақи парвозкунанда	[tabaqi parvozkunanda]
ruimtevaartuig (het)	киштии кайҳонӣ	[kiʃti:i kajhoni:]
ruimtestation (het)	стантсияи мадорӣ	[stantsijai madori:]
start (de)	оғоз	[oʁoz]
motor (de)	муҳаррик	[muharrik]
straalpijp (de)	сопло	[soplo]
brandstof (de)	сӯзишворӣ	[sœziʃvori:]
cabine (de)	кабина	[kabina]
antenne (de)	антенна	[antenna]
patrijspoort (de)	иллюминатор	[illjuminator]
zonnebatterij (de)	батареи офтобӣ	[batarei oftobi:]
ruimtepak (het)	скафандр	[skafandr]
gewichtloosheid (de)	бевазнӣ	[bevazni:]
zuurstof (de)	оксиген	[oksigen]
koppeling (de)	пайваст	[pajvast]
koppeling maken	пайваст кардан	[pajvast kardan]
observatorium (het)	расадхона	[rasadχona]
telescoop (de)	телескоп	[teleskop]
waarnemen (ww)	мушоҳида кардан	[muʃohida kardan]
exploreren (ww)	таҳқиқ кардан	[tahqiq kardan]

123. De Aarde

Aarde (de)	Замин	[zamin]
aardbol (de)	кураи замин	[kurai zamin]
planeet (de)	сайёра	[sajjɔra]
atmosfeer (de)	атмосфера	[atmosfera]
aardrijkskunde (de)	география	[geografija]
natuur (de)	табиат	[tabiat]
wereldbol (de)	глобус	[globus]
kaart (de)	харита	[χarita]
atlas (de)	атлас	[atlas]
Azië (het)	Осиё	[osijɔ]
Afrika (het)	Африқо	[afriqo]
Australië (het)	Австралия	[avstralija]
Amerika (het)	Америка	[amerika]
Noord-Amerika (het)	Америкаи Шимолӣ	[amerikai ʃimoli:]
Zuid-Amerika (het)	Америкаи Ҷанубӣ	[amerikai dʒanubi:]
Antarctica (het)	Антарктида	[antarktida]
Arctis (de)	Арктика	[arktika]

124. Windrichtingen

noorden (het)	шимол	[ʃimol]
naar het noorden	ба шимол	[ba ʃimol]
in het noorden	дар шимол	[dar ʃimol]
noordelijk (bn)	шимолӣ, ... и шимол	[ʃimoli:], [i ʃimol]
zuiden (het)	ҷануб	[dʒanub]
naar het zuiden	ба ҷануб	[ba dʒanub]
in het zuiden	дар ҷануб	[dar dʒanub]
zuidelijk (bn)	ҷанубӣ, ... и ҷануб	[dʒanubi:], [i dʒanub]
westen (het)	ғарб	[ʁarb]
naar het westen	ба ғарб	[ba ʁarb]
in het westen	дар ғарб	[dar ʁarb]
westelijk (bn)	ғарбӣ, ... и ғарб	[ʁarbi:], [i ʁarb]
oosten (het)	шарқ	[ʃarq]
naar het oosten	ба шарқ	[ba ʃarq]
in het oosten	дар шарқ	[dar ʃarq]
oostelijk (bn)	шарқӣ	[ʃarqi:]

125. Zee. Oceaan

zee (de)	баҳр	[bahr]
oceaan (de)	уқёнус	[uqjɔnus]
golf (baai)	халиҷ	[xalidʒ]
straat (de)	гулӯгоҳ	[gulœgoh]
grond (vaste grond)	хушкӣ, замин	[xuʃki:], [zamin]
continent (het)	материк, қитъа	[materik], [qit'a]
eiland (het)	ҷазира	[dʒazira]
schiereiland (het)	нимҷазира	[nimdʒazira]
archipel (de)	галаҷазира	[galadʒazira]
baai, bocht (de)	халиҷ	[xalidʒ]
haven (de)	бандар	[bandar]
lagune (de)	лагуна	[laguna]
kaap (de)	димоға	[dimoʁa]
atol (de)	атолл	[atoll]
rif (het)	харсанги зериобӣ	[xarsangi zeriobi:]
koraal (het)	марҷон	[mardʒon]
koraalrif (het)	обсанги марҷонӣ	[obsangi mardʒoni:]
diep (bn)	чуқур	[tʃuqur]
diepte (de)	чуқурӣ	[tʃuquri:]
diepzee (de)	қаър	[qa'r]
trog (bijv. Marianentrog)	чуқурӣ	[tʃuquri:]
stroming (de)	ҷараён	[dʒarajon]
omspoelen (ww)	шустан	[ʃustan]

oever (de)	соҳил, соҳили баҳр	[sohil], [sohili bahr]
kust (de)	соҳил	[sohil]
vloed (de)	мадд	[madd]
eb (de)	ҷазр	[dʒazr]
ondiepte (ondiep water)	пастоб	[pastob]
bodem (de)	қаър	[qa'r]
golf (hoge ~)	мавҷ	[mavdʒ]
golfkam (de)	теғаи мавҷ	[teʁai mavdʒ]
schuim (het)	кафк	[kafk]
storm (de)	тӯфон, бӯрои	[tœfon], [bœroi]
orkaan (de)	тундбод	[tundbod]
tsunami (de)	сунами	[sunami]
windstilte (de)	сукунати ҳаво	[sukunati havo]
kalm (bijv. ~e zee)	ором	[orom]
pool (de)	қутб	[qutb]
polair (bn)	қутбӣ	[qutbi:]
breedtegraad (de)	арз	[arz]
lengtegraad (de)	тӯл	[tœl]
parallel (de)	параллел	[parallel]
evenaar (de)	хати истиво	[χati istivo]
hemel (de)	осмон	[osmon]
horizon (de)	уфуқ	[ufuq]
lucht (de)	ҳаво	[havo]
vuurtoren (de)	мино	[mino]
duiken (ww)	ғӯта задан	[ʁœta zadan]
zinken (ov. een boot)	ғарқ шудан	[ʁarq ʃudan]
schatten (mv.)	ганҷ	[gandʒ]

126. Namen van zeeën en oceanen

Atlantische Oceaan (de)	Уқёнуси Атлантик	[uqjɔnusi atlantik]
Indische Oceaan (de)	Уқёнуси Ҳинд	[uqjɔnusi hind]
Stille Oceaan (de)	Уқёнуси Ором	[uqjɔnusi orom]
Noordelijke IJszee (de)	Уқёнуси яхбастаи шимолӣ	[uqjɔnusi jaχbastai ʃimoli:]
Zwarte Zee (de)	Баҳри Сиёҳ	[bahri sijɔh]
Rode Zee (de)	Баҳри Сурх	[bahri surχ]
Gele Zee (de)	Баҳри Зард	[bahri zard]
Witte Zee (de)	Баҳри Сафед	[bahri safed]
Kaspische Zee (de)	Баҳри Хазар	[bahri χazar]
Dode Zee (de)	Баҳри Майит	[bahri majit]
Middellandse Zee (de)	Баҳри Миёназамин	[bahri mijɔnazamin]
Egeïsche Zee (de)	Баҳри Эгей	[bahri ɛgej]
Adriatische Zee (de)	Баҳри Адриатика	[bahri adriatika]
Arabische Zee (de)	Баҳри Араві	[bahri aravi]

Japanse Zee (de)	Баҳри Ҷопон	[bahri dʒopon]
Beringzee (de)	Баҳри Беринг	[bahri bering]
Zuid-Chinese Zee (de)	Баҳри Хитойи Ҷанубӣ	[bahri xitoji dʒanubi:]
Koraalzee (de)	Баҳри Марҷон	[bahri mardʒon]
Tasmanzee (de)	Баҳри Тасман	[bahri tasman]
Caribische Zee (de)	Баҳри Кариб	[bahri karib]
Barentszzee (de)	Баҳри Баренс	[bahri barens]
Karische Zee (de)	Баҳри Кара	[bahri kara]
Noordzee (de)	Баҳри Шимолӣ	[bahri ʃimoli:]
Baltische Zee (de)	Баҳри Балтика	[bahri baltika]
Noorse Zee (de)	Баҳри Норвегия	[bahri norvegija]

127. Bergen

berg (de)	кӯҳ	[kœh]
bergketen (de)	силсилакӯҳ	[silsilakœh]
gebergte (het)	қаторкӯҳ	[qatorkœh]
bergtop (de)	кулла	[kulla]
bergpiek (de)	қулла	[qulla]
voet (ov. de berg)	доманаи кӯҳ	[domanai kœh]
helling (de)	нишебӣ	[niʃebi:]
vulkaan (de)	вулқон	[vulqon]
actieve vulkaan (de)	вулқони амалкунанда	[vulqoni amalkunanda]
uitgedoofde vulkaan (de)	вулқони хомӯшшуда	[vulqoni xomœʃʃuda]
uitbarsting (de)	оташфишонӣ	[otaʃfiʃoni:]
krater (de)	танӯра	[tanœra]
magma (het)	магма, тафта	[magma], [tafta]
lava (de)	гудоза	[gudoza]
gloeiend (~e lava)	тафта	[tafta]
kloof (canyon)	оббурда, дара	[obburda], [dara]
bergkloof (de)	дара	[dara]
spleet (de)	тангно	[tangno]
afgrond (de)	партгоҳ	[partgoh]
bergpas (de)	ағба	[aʁba]
plateau (het)	пуштаи кӯҳ	[puʃtai kœh]
klip (de)	шух	[ʃux]
heuvel (de)	теппа	[teppa]
gletsjer (de)	пирях	[pirjax]
waterval (de)	шаршара	[ʃarʃara]
geiser (de)	гейзер	[gejzer]
meer (het)	кӯл	[kul]
vlakte (de)	ҳамворӣ	[hamvori:]
landschap (het)	манзара	[manzara]
echo (de)	акси садо	[aksi sado]

alpinist (de)	кӯҳнавард	[kœhnavard]
bergbeklimmer (de)	шухпаймо	[ʃuχpajmo]
trotseren (berg ~)	фатҳ кардан	[fath kardan]
beklimming (de)	болобароӣ	[bolobaroi:]

128. Bergen namen

Alpen (de)	Кӯҳҳои Алп	[kœhhoi alp]
Mont Blanc (de)	Монблан	[monblan]
Pyreneeën (de)	Кӯҳҳои Пиреней	[kœhhoi pirenej]
Karpaten (de)	Кӯҳҳои Карпат	[kœhhoi karpat]
Oeralgebergte (het)	Кӯҳҳои Урал	[kœhhoi ural]
Kaukasus (de)	Кӯҳҳои Кавказ	[kœhhoi kavkaz]
Elbroes (de)	Елбруз	[elbruz]
Altaj (de)	Алтай	[altaj]
Tiensjan (de)	Тиёншон	[tijonʃon]
Pamir (de)	Кӯҳҳои Помир	[kœhhoi pomir]
Himalaya (de)	Ҳимолой	[himoloj]
Everest (de)	Эверест	[ɛverest]
Andes (de)	Кӯҳҳои Анд	[kœhhoi and]
Kilimanjaro (de)	Килиманҷаро	[kilimandʒaro]

129. Rivieren

rivier (de)	дарё	[darjo]
bron (~ van een rivier)	чашма	[tʃaʃma]
rivierbedding (de)	маҷрои дарё	[madʒroi darjo]
rivierbekken (het)	ҳавза	[havza]
uitmonden in ...	рехтан ба ...	[reχtan ba]
zijrivier (de)	шохоб	[ʃoχob]
oever (de)	соҳил	[sohil]
stroming (de)	ҷараён	[dʒarajon]
stroomafwaarts (bw)	мувофиқи рафти об	[muvofiqi rafti ob]
stroomopwaarts (bw)	муқобили самти об	[muqobili samti ob]
overstroming (de)	обхезӣ	[obχezi:]
overstroming (de)	обхез	[obχez]
buiten zijn oevers treden	дамидан	[damidan]
overstromen (ww)	зер кардан	[zer kardan]
zandbank (de)	тунукоба	[tunukoba]
stroomversnelling (de)	мавҷрез	[mavdʒrez]
dam (de)	сарбанд	[sarband]
kanaal (het)	канал	[kanal]
spaarbekken (het)	обанбор	[obanbor]
sluis (de)	шлюз	[ʃljuz]

waterlichaam (het)	обанбор	[obanbor]
moeras (het)	ботлоқ, ботқоқ	[botloq], [botqoq]
broek (het)	ботлоқ	[botloq]
draaikolk (de)	гирдоб	[girdob]
stroom (de)	чӯй	[dʒœj]
drink- (abn)	нӯшиданӣ	[nœʃidani:]
zoet (~ water)	ширин	[ʃirin]
IJs (het)	ях	[jaχ]
bevriezen (rivier, enz.)	ях бастан	[jaχ bastan]

130. Namen van rivieren

Seine (de)	Сена	[sena]
Loire (de)	Луара	[luara]
Theems (de)	Темза	[temza]
Rijn (de)	Рейн	[rejn]
Donau (de)	Дунай	[dunaj]
Wolga (de)	Волга	[volga]
Don (de)	Дон	[don]
Lena (de)	Лена	[lena]
Gele Rivier (de)	Хуанхе	[χuanχe]
Blauwe Rivier (de)	Янсзи	[janszi]
Mekong (de)	Меконг	[mekong]
Ganges (de)	Ганга	[ganga]
Nijl (de)	Нил	[nil]
Kongo (de)	Конго	[kongo]
Okavango (de)	Оканванго	[okavango]
Zambezi (de)	Замбези	[zambezi]
Limpopo (de)	Лимпопо	[limpopo]
Mississippi (de)	Миссисипи	[missisipi]

131. Bos

bos (het)	ҷангал	[dʒangal]
bos- (abn)	ҷангалӣ	[dʒangali:]
oerwoud (dicht bos)	ҷангалзор	[dʒangalzor]
bosje (klein bos)	дарахтзор	[daraχtzor]
open plek (de)	чаман	[tʃaman]
struikgewas (het)	буттазор	[buttazor]
struiken (mv.)	буттазор	[buttazor]
paadje (het)	пайраҳа	[pajraha]
ravijn (het)	оббурда	[obburda]
boom (de)	дарахт	[daraχt]

blad (het)	барг	[barg]
gebladerte (het)	баргҳои дарахт	[barghoi daraχt]
vallende bladeren (mv.)	баргрезй	[bargrezi:]
vallen (ov. de bladeren)	рехтан	[reχtan]
boomtop (de)	нӯг	[nœg]
tak (de)	шох, шохча	[ʃoχ], [ʃoχtʃa]
ent (de)	шохи дарахг	[ʃoχi daraχg]
knop (de)	муғча	[muʁdʒa]
naald (de)	сӯзан	[sœzan]
dennenappel (de)	чалғӯза	[dʒalʁœza]
boom holte (de)	сӯрохи дарахт	[sœroχi daraχt]
nest (het)	ошёна, лона	[oʃjona], [lona]
hol (het)	хона	[χona]
stam (de)	тана	[tana]
wortel (bijv. boom~s)	реша	[reʃa]
schors (de)	пӯсти дарахт	[pœsti daraχt]
mos (het)	ушна	[uʃna]
ontwortelen (een boom)	реша кофтан	[reʃa koftan]
kappen (een boom ~)	зада буридан	[zada buridan]
ontbossen (ww)	бурида нест кардан	[burida nest kardan]
stronk (de)	кундаи дарахт	[kundai daraχt]
kampvuur (het)	гулхан	[gulχan]
bosbrand (de)	сӯхтор, оташ	[sœχtor], [otaʃ]
blussen (ww)	хомӯш кардан	[χomœʃ kardan]
boswachter (de)	чангалбон	[dʒangalbon]
bescherming (de)	нигоҳбонй	[nigohboni:]
beschermen (bijv. de natuur ~)	нигоҳбонй кардан	[nigohboni: kardan]
stroper (de)	қӯруқшикан	[qœruqʃikan]
val (de)	қапқон, дом	[qapqon], [dom]
plukken (vruchten, enz.)	чидан	[tʃidan]
verdwalen (de weg kwijt zijn)	роҳ гум кардан	[roh gum kardan]

132. Natuurlijke hulpbronnen

natuurlijke rijkdommen (mv.)	захираҳои табий	[zaχirahoi tabi:i:]
delfstoffen (mv.)	маъданҳои фоиданок	[ma'danhoi foidanok]
lagen (mv.)	кон, маъдаи	[kon], [ma'dai]
veld (bijv. olie~)	кон	[kon]
winnen (uit erts ~)	кандан	[kandan]
winning (de)	канданй	[kandani:]
erts (het)	маъдан	[ma'dan]
mijn (bijv. kolenmijn)	кон	[kon]
mijnschacht (de)	чоҳ	[tʃoh]
mijnwerker (de)	конкан	[konkan]

gas (het)	газ	[gaz]
gasleiding (de)	қубури газ	[quburi gaz]
olie (aardolie)	нефт	[neft]
olieleiding (de)	қубури нефт	[quburi neft]
oliebron (de)	чоҳи нафт	[tʃohi naft]
boortoren (de)	бурчи нафткашӣ	[burdʒi naftkaʃi:]
tanker (de)	танкер	[tanker]
zand (het)	рег	[reg]
kalksteen (de)	оҳаксанг	[ohaksang]
grind (het)	сангреза, шағал	[sangreza], [ʃaʁal]
veen (het)	торф	[torf]
klei (de)	гил	[gil]
steenkool (de)	ангишт	[angiʃt]
IJzer (het)	оҳан	[ohan]
goud (het)	зар, тилло	[zar], [tillo]
zilver (het)	нуқра	[nuqra]
nikkel (het)	никел	[nikel]
koper (het)	мис	[mis]
zink (het)	рух	[ruh]
mangaan (het)	манган	[mangan]
kwik (de)	симоб	[simob]
lood (het)	сурб	[surb]
mineraal (het)	минерал, маъдан	[mineral], [ma'dan]
kristal (het)	булӯр, шӯша	[bulœr], [ʃœʃa]
marmer (het)	мармар	[marmar]
uraan (het)	уран	[uran]

De Aarde. Deel 2

133. Weer

weer (het)	обу ҳаво	[obu havo]
weersvoorspelling (de)	пешгӯии ҳаво	[peʃɡœi:i havo]
temperatuur (de)	ҳарорат	[harorat]
thermometer (de)	ҳароратсанҷ	[haroratsandʒ]
barometer (de)	барометр, ҳавосанҷ	[barometr], [havosandʒ]
vochtig (bn)	намнок	[namnok]
vochtigheid (de)	намӣ, рутубат	[nami:], [rutubat]
hitte (de)	гармӣ	[garmi:]
heet (bn)	тафсон	[tafson]
het is heet	ҳаво тафсон аст	[havo tafson ast]
het is warm	ҳаво гарм аст	[havo garm ast]
warm (bn)	гарм	[garm]
het is koud	ҳаво сард аст	[havo sard ast]
koud (bn)	хунук, сард	[χunuk], [sard]
zon (de)	офтоб	[oftob]
schijnen (de zon)	тобидан	[tobidan]
zonnig (~e dag)	... и офтоб	[i oftob]
opgaan (ov. de zon)	баромадан	[baromadan]
ondergaan (ww)	паст шудан	[past ʃudan]
wolk (de)	абр	[abr]
bewolkt (bn)	... и абр, абрӣ	[i abr], [abri:]
regenwolk (de)	абри сиёҳ	[abri sijoh]
somber (bn)	абрнок	[abrnok]
regen (de)	борон	[boron]
het regent	борон меборад	[boron meborad]
regenachtig (bn)	серборон	[serboron]
motregenen (ww)	сим-сим боридан	[sim-sim boridan]
plensbui (de)	борони сахт	[boroni saχt]
stortbui (de)	борони сел	[boroni sel]
hard (bn)	сахт	[saχt]
plas (de)	кӯлмак	[kœlmak]
nat worden (ww)	шилтиқ шудан	[ʃiltiq ʃudan]
mist (de)	туман	[tuman]
mistig (bn)	... и туман	[i tuman]
sneeuw (de)	барф	[barf]
het sneeuwt	барф меборад	[barf meborad]

134. Zwaar weer. Natuurrampen

noodweer (storm)	раъду барк	[ra'du bark]
bliksem (de)	барқ	[barq]
flitsen (ww)	дурахшидан	[duraxʃidan]
donder (de)	тундар	[tundar]
donderen (ww)	гулдуррос задан	[guldurros zadan]
het dondert	раъд гулдуррос мезанад	[ra'd guldurros mezanad]
hagel (de)	жола	[ʒola]
het hagelt	жола меборад	[ʒola meborad]
overstromen (ww)	зер кардан	[zer kardan]
overstroming (de)	обхезӣ	[obxezi:]
aardbeving (de)	заминчунбӣ	[zamindʒunbi:]
aardschok (de)	заминчунбӣ,такон	[zamindʒunbi:,takon]
epicentrum (het)	эпимарказ	[ɛpimarkaz]
uitbarsting (de)	оташфишонӣ	[otaʃfiʃoni:]
lava (de)	гудоза	[gudoza]
wervelwind (de)	гирдбод	[girdbod]
windhoos (de)	торнадо	[tornado]
tyfoon (de)	тӯфон	[tœfon]
orkaan (de)	тундбод	[tundbod]
storm (de)	тӯфон, бӯрои	[tœfon], [bœroi]
tsunami (de)	сунами	[sunami]
cycloon (de)	сиклон	[siklon]
onweer (het)	ҳавои бад	[havoi bad]
brand (de)	сӯхтор, оташ	[sœxtor], [otaʃ]
ramp (de)	садама, фалокат	[sadama], [falokat]
meteoriet (de)	метеорит, шиҳобпора	[meteorit], [ʃihobpora]
lawine (de)	тарма	[tarma]
sneeuwverschuiving (de)	тарма	[tarma]
sneeuwjacht (de)	бӯрони барфӣ	[bœroni barfi:]
sneeuwstorm (de)	бӯрон	[bœron]

Fauna

135. Zoogdieren. Roofdieren

roofdier (het)	дарранда	[darranda]
tijger (de)	бабр, паланг	[babr], [palang]
leeuw (de)	шер	[ʃer]
wolf (de)	гург	[gurg]
vos (de)	рӯбоҳ	[rœboh]
jaguar (de)	юзи ало	[juzi alo]
luipaard (de)	паланг	[palang]
jachtluipaard (de)	юз	[juz]
panter (de)	пантера	[pantera]
poema (de)	пума	[puma]
sneeuwluipaard (de)	шерпаланг	[ʃerpalang]
lynx (de)	силовсин	[silovsin]
coyote (de)	койот	[kojɔt]
jakhals (de)	шагол	[ʃagol]
hyena (de)	кафтор	[kaftor]

136. Wilde dieren

dier (het)	ҳайвон	[hajvon]
beest (het)	ҳайвони ваҳшӣ	[hajvoni vahʃi:]
eekhoorn (de)	санҷоб	[sanʤob]
egel (de)	хорпушт	[χorpuʃt]
haas (de)	заргӯш	[zargœʃ]
konijn (het)	харгӯш	[χargœʃ]
das (de)	қашқалдоқ	[qaʃqaldoq]
wasbeer (de)	енот	[enot]
hamster (de)	миримӯшон	[mirimœʃon]
marmot (de)	суғур	[suʁur]
mol (de)	кӯрмуш	[kœrmuʃ]
muis (de)	муш	[muʃ]
rat (de)	калламуш	[kallamuʃ]
vleermuis (de)	кӯршапарак	[kœrʃaparak]
hermelijn (de)	қоқум	[qoqum]
sabeldier (het)	самур	[samur]
marter (de)	савсор	[savsor]
wezel (de)	росу	[rosu]
nerts (de)	вашақ	[vaʃaq]

bever (de)	кундуз	[kunduz]
otter (de)	сағоби	[sagobi]
paard (het)	асп	[asp]
eland (de)	шохгавазн	[ʃohgavazn]
hert (het)	гавазн	[gavazn]
kameel (de)	шутур, уштур	[ʃutur], [uʃtur]
bizon (de)	бизон	[bizon]
oeros (de)	гови вахши	[govi vahʃi:]
buffel (de)	говмеш	[govmeʃ]
zebra (de)	гӯрхар	[gœrχar]
antilope (de)	антилопа, ғизол	[antilopa], [ʁizol]
ree (de)	оху	[ohu]
damhert (het)	оху	[ohu]
gems (de)	нахчир, бузи кӯҳӣ	[naχtʃir], [buzi kœhi:]
everzwijn (het)	хуки вахши	[χuki vahʃi]
walvis (de)	кит, наханг	[kit], [nahang]
rob (de)	тюлен	[tjulen]
walrus (de)	морж	[morʒ]
zeehond (de)	гурбаи оби	[gurbai obi:]
dolfijn (de)	делфин	[delfin]
beer (de)	хирс	[χirs]
IJsbeer (de)	хирси сафед	[χirsi safed]
panda (de)	панда	[panda]
aap (de)	маймун	[majmun]
chimpansee (de)	шимпанзе	[ʃimpanze]
orang-oetan (de)	орангутанг	[orangutang]
gorilla (de)	горилла	[gorilla]
makaak (de)	макака	[makaka]
gibbon (de)	гиббон	[gibbon]
olifant (de)	фил	[fil]
neushoorn (de)	карк, каркадан	[kark], [karkadan]
giraffe (de)	заррофа	[zarrofa]
nijlpaard (het)	бахмут	[bahmut]
kangoeroe (de)	кенгуру	[kenguru]
koala (de)	коала	[koala]
mangoest (de)	росу	[rosu]
chinchilla (de)	вашак	[vaʃaq]
stinkdier (het)	скунс	[skuns]
stekelvarken (het)	чайра, дугпушт	[dʒajra], [dugpuʃt]

137. Huisdieren

poes (de)	гурба	[gurba]
kater (de)	гурбаи нар	[gurbai nar]
hond (de)	саг	[sag]

paard (het)	асп	[asp]
hengst (de)	айғир, аспи нар	[ajʁir], [aspi nar]
merrie (de)	модиён, байтал	[modijon], [bajtal]
koe (de)	гов	[gov]
stier (de)	барзагов	[barzagov]
os (de)	барзагов	[barzagov]
schaap (het)	меш, гӯсфанд	[meʃ], [gœsfand]
ram (de)	гӯсфанд	[gœsfand]
geit (de)	буз	[buz]
bok (de)	така, серка	[taka], [serka]
ezel (de)	хар, маркаб	[χar], [markab]
muilezel (de)	хачир	[χatʃir]
varken (het)	хук	[χuq]
biggetje (het)	хукбача	[χukbatʃa]
konijn (het)	харгӯш	[χargœʃ]
kip (de)	мурғ	[murʁ]
haan (de)	хурӯс	[χurœs]
eend (de)	мурғобӣ	[murʁobi:]
woerd (de)	мурғобии нар	[murʁobi:i nar]
gans (de)	қоз, ғоз	[qoz], [ʁoz]
kalkoen haan (de)	хурӯси мурғи марчон	[χurœsi murʁi mardʒon]
kalkoen (de)	мокиёни мурғи марчон	[mokijoni murʁi mardʒon]
huisdieren (mv.)	ҳайвони хонагӣ	[hajvoni χonagi:]
tam (bijv. hamster)	ромшуда	[romʃuda]
temmen (tam maken)	дастомӯз кардан	[dastomœz kardan]
fokken (bijv. paarden ~)	калон кардан	[kalon kardan]
boerderij (de)	ферма	[ferma]
gevogelte (het)	паррандаи хонагӣ	[parrandai χonagi:]
rundvee (het)	чорво	[tʃorvo]
kudde (de)	пода	[poda]
paardenstal (de)	саисхона, аспхона	[saisχona], [aspχona]
zwijnenstal (de)	хукхона	[χukχona]
koeienstal (de)	оғил, говхона	[oʁil], [govχona]
konijnenhok (het)	харгӯшхона	[χargœʃχona]
kippenhok (het)	мурғхона	[murʁχona]

138. Vogels

vogel (de)	паранда	[paranda]
duif (de)	кафтар	[kaftar]
mus (de)	гунчишк, чумчук	[gundʒiʃk], [tʃumtʃuk]
koolmees (de)	фотимачумчук	[fotimatʃumtʃuq]
ekster (de)	акка	[akka]
raaf (de)	зоғ	[zoʁ]

133

kraai (de)	зоғиало	[zoʁi alo]
kauw (de)	зоғча	[zoʁtʃa]
roek (de)	шӯрнӯл	[ʃœrnœl]
eend (de)	мурғобӣ	[murʁobi:]
gans (de)	қоз, ғоз	[qoz], [ʁoz]
fazant (de)	тазарв	[tazarv]
arend (de)	уқоб	[ukob]
havik (de)	пайғу	[pajʁu]
valk (de)	боз, шоҳин	[boz], [ʃohin]
gier (de)	каргас	[kargas]
condor (de)	кондор	[kondor]
zwaan (de)	қу	[qu]
kraanvogel (de)	куланг, турна	[kulang], [turna]
ooievaar (de)	лаклак	[laklak]
papegaai (de)	тӯтӣ	[tœti:]
kolibrie (de)	колибри	[kolibri]
pauw (de)	товус	[tovus]
struisvogel (de)	шутурмурғ	[ʃuturmurʁ]
reiger (de)	ҳавосил	[havosil]
flamingo (de)	бутимор	[butimor]
pelikaan (de)	мурғи сақко	[murʁi saqqo]
nachtegaal (de)	булбул	[bulbul]
zwaluw (de)	фароштурук	[faroʃturuk]
lijster (de)	дурроҷ	[durrodʒ]
zanglijster (de)	дуррочи хушхон	[durrodʒi xuʃxon]
merel (de)	дуррочи сиёҳ	[durrodʒi sijoh]
gierzwaluw (de)	досак	[dosak]
leeuwerik (de)	чӯр, чаковак	[dʒœr], [tʃakovak]
kwartel (de)	бедона	[bedona]
koekoek (de)	фохтак	[foxtak]
uil (de)	бум, чуғз	[bum], [dʒuʁz]
oehoe (de)	чуғз	[tʃuʁz]
auerhoen (het)	дурроҷ	[durrodʒ]
korhoen (het)	титав	[titav]
patrijs (de)	кабк, каклик	[kabk], [kaklik]
spreeuw (de)	сор, соч	[sor], [sotʃ]
kanarie (de)	канарейка	[kanarejka]
hazelhoen (het)	рябчик	[rjabtʃik]
vink (de)	саъва	[sa'va]
goudvink (de)	севғар	[sevʁar]
meeuw (de)	моҳихӯрак	[mohixœrak]
albatros (de)	уқоби баҳрӣ	[uqobi bahri:]
pinguïn (de)	пингвин	[pingvin]

139. Vis. Zeedieren

brasem (de)	симмоҳӣ	[simmohi:]
karper (de)	капур	[kapur]
baars (de)	аломоҳӣ	[alomohi:]
meerval (de)	лаққамоҳӣ	[laqqamohi:]
snoek (de)	шӯртан	[ʃœrtan]
zalm (de)	озодмоҳӣ	[ozodmohi:]
steur (de)	тосмоҳӣ	[tosmohi:]
haring (de)	шӯрмоҳӣ	[ʃœrmohi:]
atlantische zalm (de)	озодмоҳӣ	[ozodmoxi:]
makreel (de)	зағӯтамоҳӣ	[zaʁœtamohi:]
platvis (de)	камбала	[kambala]
snoekbaars (de)	суфмоҳӣ	[sufmohi:]
kabeljauw (de)	равғанмоҳӣ	[ravʁanmohi:]
tonijn (de)	самак	[samak]
forel (de)	гулмоҳӣ	[gulmohi:]
paling (de)	мормоҳӣ	[mormohi:]
sidderrog (de)	скати барқдор	[skati barqdor]
murene (de)	мурена	[murena]
piranha (de)	пираня	[piranja]
haai (de)	наҳанг	[nahang]
dolfijn (de)	делфин	[delfin]
walvis (de)	кит, наҳанг	[kit], [nahang]
krab (de)	харчанг	[xartʃang]
kwal (de)	медуза	[meduza]
octopus (de)	ҳаштпо	[haʃtpo]
zeester (de)	ситораи баҳрӣ	[sitorai bahri:]
zee-egel (de)	хорпушти баҳрӣ	[xorpuʃti bahri:]
zeepaardje (het)	аспакмоҳӣ	[aspakmohi:]
oester (de)	садафак	[sadafak]
garnaal (de)	креветка	[krevetka]
kreeft (de)	харчанги баҳрӣ	[xartʃangi bahri:]
langoest (de)	лангуст	[langust]

140. Amfibieën. Reptielen

slang (de)	мор	[mor]
giftig (slang)	заҳрдор	[zahrdor]
adder (de)	мори афъӣ	[mori afʼi:]
cobra (de)	мори айнакдор, кӯбро	[mori ajnakdor], [kœbro]
python (de)	мори печон	[mori petʃon]
boa (de)	мори печон	[mori petʃon]
ringslang (de)	мори обӣ	[mori obi:]

ratelslang (de)	шақшақамор	[ʃaqʃaqamor]
anaconda (de)	анаконда	[anakonda]
hagedis (de)	калтакалос	[kaltakalos]
leguaan (de)	сусмор, игуана	[susmor], [iguana]
varaan (de)	сусмор	[susmor]
salamander (de)	калтакалос	[kaltakalos]
kameleon (de)	бӯқаламун	[bœqalamun]
schorpioen (de)	каждум	[kaʒdum]
schildpad (de)	сангпушт	[sangpuʃt]
kikker (de)	қурбоққа	[qurboqqa]
pad (de)	ғук, қурбоққаи чӯлӣ	[ʁuk], [qurboqqai tʃœli:]
krokodil (de)	тимсоҳ	[timsoh]

141. Insecten

insect (het)	ҳашарот	[haʃarot]
vlinder (de)	шапалак	[ʃapalak]
mier (de)	мӯрча	[mœrtʃa]
vlieg (de)	магас	[magas]
mug (de)	пашша	[paʃʃa]
kever (de)	гамбуск	[gambusk]
wesp (de)	ору	[oru]
bij (de)	занбӯри асал	[zanbœri asal]
hommel (de)	говзанбӯр	[govzanbœr]
horzel (de)	ғурмагас	[ʁurmagas]
spin (de)	тортанак	[tortanak]
spinnenweb (het)	тори тортанак	[tori tortanak]
libel (de)	сӯзанак	[sœzanak]
sprinkhaan (de)	малах	[malaχ]
nachtvlinder (de)	шапалак	[ʃapalak]
kakkerlak (de)	нонхӯрак	[nonχœrak]
mijt (de)	кана	[kana]
vlo (de)	кайк	[kajk]
kriebelmug (de)	пашша	[paʃʃa]
treksprinkhaan (de)	малах	[malaχ]
slak (de)	тӯкумшуллуқ	[tœkumʃulluq]
krekel (de)	чирчирак	[tʃirtʃirak]
glimworm (de)	шабтоб	[ʃabtob]
lieveheersbeestje (het)	момохолак	[momoχolak]
meikever (de)	гамбуски саврӣ	[gambuski savri:]
bloedzuiger (de)	шуллук	[ʃulluk]
rups (de)	кирм	[kirm]
aardworm (de)	кирм	[kirm]
larve (de)	кирм	[kirm]

Flora

142. Bomen

boom (de)	дарахт	[daraχt]
loof- (abn)	паҳнбарг	[pahnbarg]
dennen- (abn)	... и сӯзанбарг	[i sœzanbarg]
groenblijvend (bn)	ҳамешасабз	[hameʃasabz]
appelboom (de)	дарахти себ	[daraχti seb]
perenboom (de)	дарахти нок	[daraχti nok]
zoete kers (de)	дарахти гелос	[daraχti gelos]
zure kers (de)	дарахти олуболу	[daraχti olubolu]
pruimelaar (de)	дарахти олу	[daraχti olu]
berk (de)	тӯс	[tœs]
eik (de)	булут	[bulut]
linde (de)	зерфун	[zerfun]
esp (de)	сиёҳбед	[sijɔhbed]
esdoorn (de)	заранг	[zarang]
spar (de)	коч, ел	[koʤ], [el]
den (de)	санавбар	[sanavbar]
lariks (de)	кочи баргрез	[koʤi bargrez]
zilverspar (de)	пихта	[piχta]
ceder (de)	дарахти чалғӯза	[daraχti ʤalʁœza]
populier (de)	сафедор	[safedor]
lijsterbes (de)	ғубайро	[ʁubajro]
wilg (de)	бед	[bed]
els (de)	роздор	[rozdor]
beuk (de)	бук, олаш	[buk], [olaʃ]
iep (de)	дарахти ларг	[daraχti larg]
es (de)	шумтол	[ʃumtol]
kastanje (de)	шоҳбулут	[ʃohbulut]
magnolia (de)	магнолия	[magnolija]
palm (de)	нахл	[naχl]
cipres (de)	дарахти сарв	[daraχti sarv]
mangrove (de)	дарахти анбаҳ	[daraχti anbah]
baobab (apenbroodboom)	баобаб	[baobab]
eucalyptus (de)	эвкалипт	[ɛvkalipt]
mammoetboom (de)	секвойя	[sekvojja]

143. Heesters

struik (de)	бутта	[butta]
heester (de)	бутта	[butta]

wijnstok (de)	ток	[tok]
wijngaard (de)	токзор	[tokzor]
frambozenstruik (de)	тамашк	[tamaʃk]
zwarte bes (de)	қоти сиёҳ	[qoti sijɔh]
rode bessenstruik (de)	коти сурх	[koti surχ]
kruisbessenstruik (de)	бектошй	[bektoʃi:]
acacia (de)	акатсия, ақоқиё	[akatsija], [aqoqijɔ]
zuurbes (de)	буттаи зирк	[buttai zirk]
jasmijn (de)	ёсуман	[jɔsuman]
jeneverbes (de)	арча, ардач	[artʃa], [ardadʒ]
rozenstruik (de)	буттаи гул	[buttai gul]
hondsroos (de)	хуч	[χutʃ]

144. Vruchten. Bessen

vrucht (de)	мева, самар	[meva], [samar]
vruchten (mv.)	меваҳо, самарҳо	[mevaho], [samarho]
appel (de)	себ	[seb]
peer (de)	мурӯд, нок	[murœd], [nok]
pruim (de)	олу	[olu]
aardbei (de)	кулфинай	[qulfinaj]
zure kers (de)	олуболу	[olubolu]
zoete kers (de)	гелос	[gelos]
druif (de)	ангур	[angur]
framboos (de)	тамашк	[tamaʃk]
zwarte bes (de)	қоти сиёҳ	[qoti sijɔh]
rode bes (de)	коти сурх	[koti surχ]
kruisbes (de)	бектошй	[bektoʃi:]
veenbes (de)	клюква	[kljukva]
sinaasappel (de)	афлесун, пӯртахол	[aflesun], [pœrtaχol]
mandarijn (de)	норанг	[norang]
ananas (de)	ананас	[ananas]
banaan (de)	банан	[banan]
dadel (de)	хурмо	[χurmo]
citroen (de)	лиму	[limu]
abrikoos (de)	дарахти зардолу	[daraχti zardolu]
perzik (de)	шафтолу	[ʃaftolu]
kiwi (de)	кивй	[kivi:]
grapefruit (de)	норинч	[norindʒ]
bes (de)	буттамева	[buttameva]
bessen (mv.)	буттамеваҳо	[buttamevaho]
vossenbes (de)	брусника	[brusnika]
bosaardbei (de)	тути заминй	[tuti zamini:]
bosbes (de)	черника	[tʃernika]

145. Bloemen. Planten

bloem (de)	гул	[gul]
boeket (het)	дастаи гул	[dastai gul]
roos (de)	гул, гули садбарг	[gul], [guli sadbarg]
tulp (de)	лола	[lola]
anjer (de)	гули мехак	[guli meχak]
gladiool (de)	гули ёқут	[guli jɔqut]
korenbloem (de)	тугмагул	[tugmagul]
klokje (het)	гули момо	[guli momo]
paardenbloem (de)	коку	[kɔqu]
kamille (de)	бобуна	[bobuna]
aloë (de)	уд, сабр, алоэ	[ud], [sabr], [alɔɛ]
cactus (de)	гули ханчарӣ	[guli χandʒari:]
ficus (de)	тутанчир	[tutandʒir]
lelie (de)	савсан	[savsan]
geranium (de)	анчибар	[andʒibar]
hyacint (de)	сунбул	[sunbul]
mimosa (de)	нозгул	[nozgul]
narcis (de)	наргис	[nargis]
Oostindische kers (de)	настаран	[nastaran]
orchidee (de)	сахлаб, сӯхлаб	[sahlab], [sœhlab]
pioenroos (de)	гули ашрафӣ	[guli aʃrafi:]
viooltje (het)	бунафша	[bunaʃʃa]
driekleurig viooltje (het)	бунафшаи фарангӣ	[bunaʃʃai farangi:]
vergeet-mij-nietje (het)	марзангӯш	[marzangœʃ]
madeliefje (het)	гули марворидак	[guli marvoridak]
papaver (de)	кӯкнор	[kœknor]
hennep (de)	бангдона, канаб	[bangdona], [kanab]
munt (de)	пудина	[pudina]
lelietje-van-dalen (het)	гули барфак	[guli barfak]
sneeuwklokje (het)	бойчечак	[bojtʃetʃak]
brandnetel (de)	газна	[gazna]
veldzuring (de)	шилха	[ʃilχa]
waterlelie (de)	нилуфари сафед	[nilufari safed]
varen (de)	фарн	[farn]
korstmos (het)	гулсанг	[gulsang]
oranjerie (de)	гулхона	[gulχona]
gazon (het)	чаман, сабзазор	[tʃaman], [sabzazor]
bloemperk (het)	гулзор	[gulzor]
plant (de)	растанӣ	[rastani:]
gras (het)	алаф	[alaf]
grasspriet (de)	хас	[χas]

blad (het)	барг	[barg]
bloemblad (het)	гулбарг	[gulbarg]
stengel (de)	поя	[poja]
knol (de)	бех, дона	[beχ], [dona]
scheut (de)	неш	[neʃ]
doorn (de)	хор	[χor]
bloeien (ww)	гул кардан	[gul kardan]
verwelken (ww)	пажмурда шудан	[paʒmurda ʃudan]
geur (de)	бӯй	[bœj]
snijden (bijv. bloemen ~)	буридан	[buridan]
plukken (bloemen ~)	кандан	[kandan]

146. Granen, graankorrels

graan (het)	дона, ғалла	[dona], [ʁalla]
graangewassen (mv.)	растаниҳои ғалладона	[rastanihoi ʁalladona]
aar (de)	хӯша	[χœʃa]
tarwe (de)	гандум	[gandum]
rogge (de)	чавдор	[ʤavdor]
haver (de)	хуртумон	[hurtumon]
gierst (de)	арзан	[arzan]
gerst (de)	чав	[ʤav]
maïs (de)	чуворимакка	[ʤuvorimakka]
rijst (de)	шолӣ, биринҷ	[ʃoli:], [birinʤ]
boekweit (de)	марчумак	[marʤumak]
erwt (de)	нахӯд	[naχœd]
boon (de)	лӯбиё	[lœbijɔ]
soja (de)	соя	[soja]
linze (de)	наск	[nask]
bonen (mv.)	лӯбиё	[lœbijɔ]

LANDEN. NATIONALITEITEN

147. West-Europa

Europese Unie (de)	Иттиҳоди Аврупо	[ittihodi avrupo]
Oostenrijk (het)	Австрия	[avstrija]
Groot-Brittannië (het)	Инглистон	[ingliston]
Engeland (het)	Англия	[anglija]
België (het)	Белгия	[belgija]
Duitsland (het)	Олмон	[olmon]
Nederland (het)	Ҳоланд	[holand]
Holland (het)	Ҳолландия	[hollandija]
Griekenland (het)	Юнон	[junon]
Denemarken (het)	Дания	[danija]
Ierland (het)	Ирландия	[irlandija]
IJsland (het)	Исландия	[islandija]
Spanje (het)	Испониё	[isponijo]
Italië (het)	Итолиё	[itolijo]
Cyprus (het)	Кипр	[kipr]
Malta (het)	Малта	[malta]
Noorwegen (het)	Норвегия	[norvegija]
Portugal (het)	Португалия	[portugalija]
Finland (het)	Финланд	[finland]
Frankrijk (het)	Фаронса	[faronsa]
Zweden (het)	Шветсия	[ʃvetsija]
Zwitserland (het)	Швейсария	[ʃvejsarija]
Schotland (het)	Шотландия	[ʃotlandija]
Vaticaanstad (de)	Вотикон	[votikon]
Liechtenstein (het)	Лихтенштейн	[liҳtenʃtejn]
Luxemburg (het)	Люксембург	[ljuksemburg]
Monaco (het)	Монако	[monako]

148. Centraal- en Oost-Europa

Albanië (het)	Албания	[albanija]
Bulgarije (het)	Булғористон	[bulģoriston]
Hongarije (het)	Маҷористон	[madʒoriston]
Letland (het)	Латвия	[latvija]
Litouwen (het)	Литва	[litva]
Polen (het)	Полша, Лаҳистон	[polʃa], [lahiston]
Roemenië (het)	Руминия	[ruminija]
Servië (het)	Сербия	[serbija]

Slowakije (het)	Словакия	[slovakija]
Kroatië (het)	Хорватия	[χorvatija]
Tsjechië (het)	Чехия	[ʧeχija]
Estland (het)	Эстония	[ɛstonija]

Bosnië en Herzegovina (het)	Босния ва Ҳерсеговина	[bosnija va hersegovina]
Macedonië (het)	Мақдуния	[maqdunija]
Slovenië (het)	Словения	[slovenija]
Montenegro (het)	Монтенегро	[montenegro]

149. Voormalige USSR landen

| Azerbeidzjan (het) | Озарбойҷон | [ozarbojdʒon] |
| Armenië (het) | Арманистон | [armaniston] |

Wit-Rusland (het)	Беларус	[belarus]
Georgië (het)	Гурҷистон	[gurdʒiston]
Kazakstan (het)	Қазоқистон	[qazoqiston]
Kirgizië (het)	Қирғизистон	[qirʁiziston]
Moldavië (het)	Молдова	[moldova]

| Rusland (het) | Россия | [rossija] |
| Oekraïne (het) | Украйина | [ukrajina] |

Tadzjikistan (het)	Тоҷикистон	[todʒikiston]
Turkmenistan (het)	Туркманистон	[turkmaniston]
Oezbekistan (het)	Ӯзбакистон	[œzbakiston]

150. Azië

Azië (het)	Осиё	[osijɔ]
Vietnam (het)	Ветнам	[vetnam]
India (het)	Ҳиндустон	[hinduston]
Israël (het)	Исроил	[isroil]

China (het)	Чин	[ʧin]
Libanon (het)	Лубнон	[lubnon]
Mongolië (het)	Муғулистон	[muʁuliston]

| Maleisië (het) | Малайзия | [malajzija] |
| Pakistan (het) | Покистон | [pokiston] |

Saoedi-Arabië (het)	Арабистони Сауди	[arabistoni saudi:]
Thailand (het)	Таиланд	[tailand]
Taiwan (het)	Тайван	[tajvan]
Turkije (het)	Туркия	[turkija]
Japan (het)	Жопун, Чопон	[ʒopun], [dʒopon]

Afghanistan (het)	Афғонистон	[afʁoniston]
Bangladesh (het)	Бангладеш	[bangladeʃ]
Indonesië (het)	Индонезия	[indonezija]
Jordanië (het)	Урдун	[urdun]

Irak (het)	Ироқ	[iroq]
Iran (het)	Эрон	[ɛron]
Cambodja (het)	Камбоча	[kambodʒa]
Koeweit (het)	Кувайт	[kuvajt]
Laos (het)	Лаос	[laos]
Myanmar (het)	Мянма	[mjanma]
Nepal (het)	Непал	[nepal]
Verenigde Arabische Emiraten	Иморатҳои Муттаҳидаи Араб	[imorathoi muttahidai arab]
Syrië (het)	Сурия	[surija]
Palestijnse autonomie (de)	Фаластин	[falastin]
Zuid-Korea (het)	Кореяи Ҷанубӣ	[korejai dʒanubi:]
Noord-Korea (het)	Кореяи Шимолӣ	[korejai ʃimoli:]

151. Noord-Amerika

Verenigde Staten van Amerika	Иёлоти Муттаҳидаи Америка	[ijoloti muttahidai amerika]
Canada (het)	Канада	[kanada]
Mexico (het)	Мексика	[meksika]

152. Midden- en Zuid-Amerika

Argentinië (het)	Аргентина	[argentina]
Brazilië (het)	Бразилия	[brazilija]
Colombia (het)	Колумбия	[kolumbija]
Cuba (het)	Куба	[kuba]
Chili (het)	Чиле	[tʃile]
Bolivia (het)	Боливия	[bolivija]
Venezuela (het)	Венесуэла	[venesuɛla]
Paraguay (het)	Парагвай	[paragvaj]
Peru (het)	Перу	[peru]
Suriname (het)	Суринам	[surinam]
Uruguay (het)	Уругвай	[urugvaj]
Ecuador (het)	Эквадор	[ɛkvador]
Bahama's (mv.)	Ҷазираҳои Багам	[dʒazirahoi bagam]
Haïti (het)	Гаити	[gaiti]
Dominicaanse Republiek (de)	Ҷумҳурии Доминикан	[dʒumhuri:i dominikan]
Panama (het)	Панама	[panama]
Jamaica (het)	Ямайка	[jamajka]

153. Afrika

Egypte (het)	Миср	[misr]
Marokko (het)	Марокаш	[marokaʃ]

Tunesië (het)	Тунис	[tunis]
Ghana (het)	Гана	[gana]
Zanzibar (het)	Занзибар	[zanzibar]
Kenia (het)	Кения	[kenija]
Libië (het)	Либия	[libija]
Madagaskar (het)	Мадагаскар	[madagaskar]

Namibië (het)	Намибия	[namibija]
Senegal (het)	Сенегал	[senegal]
Tanzania (het)	Танзания	[tanzanija]
Zuid-Afrika (het)	Африқои Ҷанубӣ	[afriqoi dʒanubi:]

154. Australië. Oceanië

| Australië (het) | Австралия | [avstralija] |
| Nieuw-Zeeland (het) | Зеландияи Нав | [zelandijai nav] |

| Tasmanië (het) | Тасмания | [tasmanija] |
| Frans-Polynesië | Полинезияи Фаронсавӣ | [polinezijai faronsavi:] |

155. Steden

Amsterdam	Амстердам	[amsterdam]
Ankara	Анкара	[ankara]
Athene	Афина	[afina]
Bagdad	Бағдод	[baʁdod]
Bangkok	Бангкок	[bangkok]

Barcelona	Барселона	[barselona]
Beiroet	Бейрут	[bejrut]
Berlijn	Берлин	[berlin]
Boedapest	Будапешт	[budapeʃt]
Boekarest	Бухарест	[buxarest]

Bombay, Mumbai	Бомбей	[bombej]
Bonn	Бонн	[bonn]
Bordeaux	Бордо	[bordo]
Bratislava	Братислава	[bratislava]
Brussel	Брюссел	[brjussel]

Caïro	Қоҳира	[qohira]
Calcutta	Калкутта	[kalkutta]
Chicago	Чикаго	[tʃikago]
Dar Es Salaam	Дар ес Салаам	[dar es salaam]
Delhi	Деҳли	[dehli]

Den Haag	Гаага	[gaaga]
Dubai	Дубай	[dubaj]
Dublin	Дублин	[dublin]
Florence	Флоренсия	[florensija]
Frankfort	Франкфурт	[frankfurt]
Genève	Женева	[ʒeneva]

Hamburg	Гамбург	[gamburg]
Hanoi	Ҳаной	[hanoj]
Havana	Гавана	[gavana]
Helsinki	Ҳелсинки	[helsinki]
Hiroshima	Ҳиросима	[hirosima]
Hongkong	Ҳонг Конг	[hong kong]
Istanbul	Истамбул	[istambul]
Jeruzalem	Иерусалим	[ierusalim]
Kiev	Киев	[kiev]
Kopenhagen	Копенҳаген	[kopenhagen]
Kuala Lumpur	Куала Лумпур	[kuala lumpur]
Lissabon	Лиссабон	[lissabon]
Londen	Лондон	[london]
Los Angeles	Лос-Анчелес	[los-andʒeles]
Lyon	Лион	[lion]
Madrid	Мадрид	[madrid]
Marseille	Марсел	[marsel]
Mexico-Stad	Мехико	[meχiko]
Miami	Майами	[majami]
Montreal	Монреал	[monreal]
Moskou	Москва	[moskva]
München	Мюнхен	[mjunχen]
Nairobi	Найроби	[najrobi]
Napels	Неапол	[neapol]
New York	Ню Йорк	[nju jɔrk]
Nice	Нитсса	[nitssa]
Oslo	Осло	[oslo]
Ottawa	Оттава	[ottava]
Parijs	Париж	[pariʒ]
Peking	Пекин	[pekin]
Praag	Прага	[praga]
Rio de Janeiro	Рио-де-Жанейро	[rio-de-ʒanejro]
Rome	Рим	[rim]
Seoel	Сеул	[seul]
Singapore	Сингапур	[singapur]
Sint-Petersburg	Санкт-Петербург	[sankt-peterburg]
Sjanghai	Шанҳай	[ʃanhaj]
Stockholm	Стокҳолм	[stokholm]
Sydney	Сидней	[sidnej]
Taipei	Тайпей	[tajpej]
Tokio	Токио	[tokio]
Toronto	Торонто	[toronto]
Venetië	Венетсия	[venetsija]
Warschau	Варшава	[varʃava]
Washington	Вашингтон	[vaʃington]
Wenen	Вена	[vena]

www.ingramcontent.com/pod-product-compliance
Lightning Source LLC
Chambersburg PA
CBHW070559050426
42450CB00011B/2907